朝日新書
Asahi Shinsho 911

マッチング・アプリ症候群

婚活沼に棲む人々

速水由紀子

朝日新聞出版

はじめに　「マッチング・アプリ症候群」とは

30代の知人女性Kさんから、マッチング・アプリで知り合った7人の男性と同時に付き合っていると聞かされた。

いわゆる七股、ではなく、結婚候補が№7までいるという状態だ（結局、同じだが）。さすがに驚いた。

「食事は日替わりで全員と。家に泊まりに来るのは2人で、あとは外でドライブや映画。デート費用は相手が出してくれる。少しずつ結婚相手を絞る予定だが、次々に新規の候補が現れるので、いつになっても数が減らない」

つまり7人はレギュラーではなく、日々、最下位が新規と入れ替わったり、トップが下位と入れ替わる下克上になったりするらしい。なんという忙しさ。一体、全員の名前を覚えているのだろうか？　間違ったりしないのか？

この知人はアパレル関係の仕事をしていて、田中みな実に似た感じのセンスのいい美人だ。「いいね！」の数は常時200を超える。

「みんな別の候補がいることも知っているけど、アプリは最終決定までは同時進行が当たり前だから責めてはこない。もちろん具体的な詳細は話さないけど……。これからも絞り切るまで複数進行でいく予定」

このアグレッシヴな婚活を素晴らしいととるか、そんな疲れる婚活は到底できないと感じるか（私は後者だ）。どちらにしてもアプリだからこそ許される付き合い方で、程度の差こそあれKさんのような複数進行も珍しくない。もちろん男女が逆のケースもありうる。もしこれがリアルな出会いだったら修羅場確定なのだが。

今や婚活者の5人に1人がマッチング・アプリでの出会いで結婚していく。

しかも離婚率は日米でそれぞれ行われた2万人近い調査で、リアルでの出会いより約2パーセント低かった！

最初は信じがたい気持ちだった。スワイプでOKかNGか決めるゲーム感覚の出会いで、みんなどんな気持ちで結婚していくのか？　オートマチックなシステムで現れる異性の写真とプロフィールを見て決めるのは、職場や学校、合コンでのリアルな出会いよりずっとリスキーで情報不足ではないのか？

だからこそKさんのように、複数掛け持ちで「試用テスト」の期間を設けるとはいえ……。

もし幸運にも結婚に至ったとして、この人と出会えてよかったと思う瞬間は、どんな時なのだろう。偶発性が大きく左右するリアルな出会いとは違い、データの積み重ねでAIのように振り分けていくのなら、そこにどんな恋愛要素が介在するのか?

その疑問が本書を書くことになったきっかけだった。

例えば結婚10年後、「あの時2人がアプリに登録していなかったら、今頃、出会ってもいなかったね」「今日はマッチング記念日だからお祝いしよう」というような会話が交わされるのだろうか? もちろんどんな出会いも偶然という必然で、アプリはその確率を高めてくれるありがたいシステムだというのはわかる。しかし、そのシステムがどうしても恋愛に繋《つな》がらないのだ。

恋愛に匹敵するものが検索だというなら納得できる。

ZOZOで服を買うように、メルカリでバッグを買うように検索で条件を絞って相手にたどりつき、「こういう人とならうまくやれる!」という、仕事の相方を探すような気持ちで結婚するなら想像がつく。だが何かしらエモーショナルな部分が伴わないと、人は個人的なパートナーを選択できないものなのではないか。

だとするとそのエモはどの辺で生まれてくるのか？　プロフィール写真を見て「いい感じかも」と思ったとしても、それはあくまで予感に過ぎない。投資詐欺、写真詐欺かもしれないし性格が最悪かもしれない相手を、ネットだけでは好きになれない。きっかけはアプリでもそれはあくまで手続きだ。

人は日常の中で「ゼロからの出会い」はあまり経験しない。同じ地元、学校、職場、仕事、遊び仲間……普通は何かしらの接点が出会いのきっかけになる。

映画「花束みたいな恋をした」とか「ボクたちはみんな大人になれなかった」は、共有できる記憶としてサブカルや音楽を使ったが、みんなが同じ世代ではないし同じ文化的な界隈《かいわい》に住んでいるわけでもなく、そんなにうまくはいかない。

まったく赤の他人だった相手とマッチングをして、エモが生まれて実際の交際がスタートするまで、事前情報がない分、かなりの労力、時間が必要となる。職場や学校、世代的な流行など共通の思い出がない場合は何がエモを呼び起こすタグになるのか？

ここが知りたい第2のポイントだ。

アプリには絶対的な利点が一つある。それは相手が婚活、恋活をしている独身者であり（詐欺でなければ）、とりあえず恋愛関係に前向きだという前提があることだ。いちいち腹の中を探り合ったり、騙《だま》される心配に怯《おび》えなくていいというのは、婚活・恋活にとってかなりのストレス減である。

みんなもう相手が既婚か独身か彼女（彼氏）持ちかを探り、自分に可能性があるかリサーチしたあげく玉砕するのにうんざりしているのだ。ついでに相性とか趣味が合うか、法的な結婚がしたいのか恋人的な同棲がいいのか子供が欲しいか否かも代行調査してくれるなら、こんなラッキーなことはない。このメリットがアプリに多くの人を集めている一つの理由だ。

しかし、こんなに至れり尽くせりなアプリなのに、いやまさにだからこそなのか、このアプリ沼はいったんハマるとなかなか抜け出せない。消費者庁の「マッチングアプリの動向整理」によると、アプリを２年以上利用している人は20代が12・６パーセント、30代が17・５パーセント、40代が24パーセントとかなり多い。年齢が上がるにつれて利用期間も長くなるので、全世代では約４人に１人が２年以上アプリに入会している計算になる。

実際にアプリに入会している人たちには思い当たると思うが、毎日トップ画面にお馴染みの顔のアイコン写真が並び、「ああ今日も代わり映えしないな」と感じることが多い。ご新規さんはいつの間にか消えていくのに、この常連さんたちはずっと残っている。それも決して条件が悪かったり不細工だったりドン引きするような趣味があるわけでもなく、結婚に遠い人には決して思えないのに、である。

最初はアプリ婚のモチベーションについて知りたいとフィールドワークを始めたのだが、いつの間にかこのアプリに棲《す》みついている25パーセントの生態の謎に興味をそそられるようになった。そしていざ彼らとマッチングしてみると、なんとも予想を大きく超えるアプリ常用者たちの生態系が展開していたのだ。

それはアフリカのサバンナの生態系を研究しようとしていたのに、間違って北極の動物たちの生活を観察してしまったような、それぐらいの強烈な違和感とインパクトがあった。

アプリで次々に訪れる流動的な人間関係の刺激は、中毒性が強い。

マッチングした相手をどんどん乗り換え続けることで生きる糧《かて》を得ている人々、離婚や失恋でトラウマを抱え、婚活と名乗りつつセフレ的な付き合いしかできなくなった人々、等身大な自分を見失って500の「いいね!」をコレクションし、自己肯定感の上昇のみを求める人々。

こうしたマッチング・アプリの婚活沼に依存するディープな住人たちを、「マッチング・アプリ症候群」と名付けた。この症候群の最大の症状は、マッチングし続けないと精神的な安定が保てなくなる依存状態だ。マッチング・アプリのプロフィールを見ただけでは絶対にわからない彼らの生態系は、一体どんなふうに作られたのか。

これが本書の第3の、そして最も大きな取材動機だ。

何よりもこの本は自分自身がマッチング体験をしてみなければ本質的なことは書けないと考えて、複数のアプリに入会し実際に200人近いマッチング体験をしてみた。

200というのはかなりの数である。こんなに短期間で多くの男性と話した経験はこれまでにない。人が人生で出会える交際候補に人数のリミットがあるとしたら、おそらくゆうにそれを超えている。限界突破までに何度か挫折しそうになったがなんとか記録を達成できた（なんの？）。

取材をするにあたって、婚活というデリケートなテーマで相手を騙したり傷つけたりはしたくないので、マッチング・アプリの使い方に自分自身でコンプラを定め、いくつかの制約を作った。

職業を聞かれたらフリーライターと名乗る。マッチングしてもし本当に付き合うことになったら、本書を執筆することを打ち明ける（協力もしてもらう）。付き合わなくてもなるべく相手に良い結果を残すよう（上から目線のアドバイスなどせず）、嫌な思いはさせないよう努力する。

正直、驚愕《きょうがく》したりどうしようもなく苦痛だったり恐怖を覚えたり、という体験も一度や二度ではなかった。しかしジェットコースターのように怒濤《どとう》の体験が押し寄せてくるスリリングさにどんどんハマってしまった。こんなに面白い人間テーマパークは他にない。

追い求めていた答えはアプリを何周かしたあたりで、実感として摑《つか》めてきた。

リアル社会での婚活がいかに息苦しいか、アプリというバーチャルな街がいかに快適でコンプラが行き届いているか。ミソジニーな、婚活に向かない人々がいかに排除されていくか。そして日本社会全体にまで影響を及ぼす驚くべき発見とは何か。

本書はこれからマッチング・アプリに入会したいが不安な人、アプリのやり方がわからないが今さら人に聞けない人、アプリ沼から出られずまさに自分が依存症だと思っている人、そして婚活そのものに悩んでいるすべての人にお勧めする。

読み終わる頃には、マッチング・スキルに驚異の覚醒ができることは間違いない。

なお、本書で中心的に紹介させていただいた方々にはできうる限りこの本の執筆について伝えた上で、特定を避けるために固有名詞や職業などを変えている。この場を借りて心からの謝辞を述べさせていただく。

まず初めて入会する人にもマッチング・アプリとは何かがよくわかるように説明しよう。

どのアプリを選ぶかは以下のリストと、ネットに出ているそれぞれのターゲット年齢層、特徴を参考にしてほしい。年齢層の選択を間違えるとマッチングしにくいので注意。

各社のターゲットの年齢層と特徴

ペアーズ	20歳から45歳	誰もが一度は入る最大手。人数が多いので玉石混淆
ウィズ	18歳から29歳	独自の相性テストが人気
タップル	18歳から35歳	ミッションクリアで無料に
Omiai	20歳から39歳	セキュリティがいい。アラサーに強い
ゼクシィ縁結び	25歳から39歳	お見合いコンシェルジュがデート日程を調整
カップリンク	25歳から40歳	街コン参加者が多く利用
シナリオ	20歳から55歳	マッチング前からスタンプやコメで反応可
ユーブライド	30歳から49歳	成婚率高め。安全
マッチドットコム	35歳から45歳	15言語で利用。多彩な出会い
アンジュ	35歳から55歳	落ち着いた雰囲気
マリマリッジ	30歳から60歳	再婚希望者多め
マリッシュ	40歳から60歳	バツありやシンママを優しく支援

①料金　女性はほとんどのアプリで完全無料。男性は有料なことが多い。最大手ペアーズの場合男性は登録、検索、「いいね!」、マッチングまでは無料だが、相手の女性とメッセージでやりとりするには月々3700円の課金が必要。アプリによっては男性も無料で使えるキャンペーンあり。

②入会手続きをする　個人情報、顔写真、本人確認種類を送り、アプリ側に承認されたら自己紹介文や職種、年収、結婚歴などをフォーマットに沿って書き込んでいく（男性：どアップ指名手配写真、免許証写真、おじさん構文、寒いギャグ、絵文字過多は絶対避けよ）。

③コミュニティを選ぶ　自分の個性を印象づけるために職業、趣味、住んでいる地域、お気に入りの漫画、音楽、本などのコミュニティに入会すると、話の合う相手を見つけやすい。

④検索機能を使う　年収、住んでいる地域、結婚歴など相手への希望条件を検索機能を使ってあらかじめフィルタリングすると効率がいい。が、絞りすぎるとマッチングしにくくなる。

⑤相手から「いいね!」が来たら　その人のプロフィールを見て気に入ったら「いいね!」をつけ返すとマッチングが成立する。気に入らなければスルー。マッチングすると相手と

メッセージを直接、送り合えるようになる。が、マッチングだけしてメッセージに返信がない場合、相手の操作ミスと考えて放置せよ。

⑥足跡をつける・つけられる　相手が自分のプロフィールを見ると足跡がつく。自分が相手のプロフィールを見た場合も、相手は自分の足跡を見られる。足跡をつけてくれた相手に「いいね！」を送る戦略をとる人も多いが、必ずしもマッチング率は高まらない。

⑦メッセージする　マッチングしたら相手にメッセージを送る。マッチングのお礼、簡単な自己紹介から始めて、徐々に仕事や趣味の話で少しずつ親しくなる。メッセージのペースは人それぞれなので、相手の仕事や忙しさなどを確認し迷惑にならないペースで。基本的に最初からヘビーすぎるもの、長文すぎるメッセージはうざがられるので注意。突然、メッセージが途切れて、そのままフェイドアウトされるのは日常茶飯事なので気にしない。

⑧LINEへ移行する　メッセージのやりとりが進み親しさが確認できると、9割の確率でLINEに移行することになる。先方のQRコードを読み込んで友達に追加する。もちろんLINEが苦手なら断ってそのままメッセージを続けてもいい。突然トークが途切れて、そのままフェイドアウトされるのは日常茶飯事なので気にしない。

⑨ブロックする・される　相手に誹謗中傷された、本命ができたので他を切りたい、などの時にブロック機能を使うと、相手から連絡できなくなる。詳しくは本文で説明している。

⑩ピックアップ　アプリによってはＡＩが選んだ相手を「今週のピックアップ」として送ってくれる。が、なぜか気に入る相手を送ってくれる可能性は極めて低い。無視してよい。

マッチング・アプリ症候群

婚活沼に棲む人々

目次

第一章　アプリ婚活沼最強の捕食者、マッチング・アプリ症候群の人々

1　出会いは500人。欲しいものは何でも手に入るアプリの深い沼

在宅で仕事をしているフリーランスのライターです。名前はミケ。アプリは初心者なので、まだやり方がよくわかりません。楽しいメッセージのやりとりを重ねて、気が合ったらぜひＬＩＮＥやカフェでのデートでお話ししましょう。真剣なお付き合い希望です。猫を飼っているので、できれば猫アレルギーじゃない方だとうれしいです。

1年前、大手マッチング・アプリにそんなプロフィールを登録して、写真は顔バレしないようにロングヘアを束ねてショートヘア風にアレンジし、目一杯の笑顔でアップロードしてみた。いつもの顔とかなりギャップがあるので、もし誰か知り合いに疑われても「他人の空似です」と逃げ切ることができると考えたのだ。

当然のことだが、自分がマッチングしてみないと利用者の気持ちはわからない。しかも1人、2人ではなく、かなり大量にマッチングして相手のバックボーンを詳しく聞いてみ

たい。自分がどんな相手とマッチングできるのか？　マッチングして会ったらどんな展開になるのか？　ゼロからの初体験のため、何もわからず手探りの状況だ。

久々の生録ルポ、とにかくアプリの地底に潜入してかたっぱしから相手を見つけ話を聞こうと意気込んだものの、最初の2週間、ギャグ漫画のような失敗続きで男性不信に陥ってしまった。ＬＩＮＥでビデオ通話のチェックもせずいきなりオフでのデートは外見詐欺、プロフィール詐欺、さらにもっと危険な力ずくのヤリモクに出会うリスクが高すぎる。ビギナーの読者は絶対、マネをしないでほしい。

1回目のマッチング・デートはすらっとした体型のジャニ系プロフィール写真とは似ても似つかぬ、お腹がはちきれそうなメタボな白髪のどってり男が現れて驚愕。2回目は保護犬に優しい獣医さんとハートウォーミングな公園お弁当デートをするはずが、突然、ヒグマのように力ずくで襲いかかられるという恐怖を体験し必死に逃げた（この2人については詳しく後述する）。そして3人目が本節の主人公、ＫＳさん（51歳）だ。

この本を書くにあたってＫＳさんとマッチングしたのは、天の計らいだったとしか思えない。なぜなら彼はアプリの深い沼に浸かって生きているマッチング・アプリ症候群の人々の中で、最強の捕食者だったのだ。

マッチングのきっかけは、ＫＳさんがプロフィールでお気に入りに挙げていたＳＦ女性作家の名前だ。ジェイムズ・ティプトリー・Jr.。世間的には超マイナーでごく一部のオタクしか知らないが、偶然、私もファンだった。それがきっかけでメッセージをやり取りするようになり、なんとなく「気が合うね」的な親近感を覚えてマッチングした。

会ったのはそれから1ヶ月後。

おたがいに仕事で忙しくメッセージのやりとりを何度か交わした後、KSさんからオフデートを申し込んできた。会ったのはなんと深夜の空港。九州での仕事から帰ってきた私を、空港からさほど遠くない駅に住むKSさんが出迎えてくれるという。

その出会い方はコメディドラマのようになんとも奇妙だった。

出口から送迎ロビーに出た瞬間、私を待っていたのは画用紙にマジックで描いた私の大きな似顔絵を掲げている迷彩シャツ姿のKSさん。180センチの長身にがっちりめの体型、濃いソース顔だが、物腰は割と謙虚に見える。

彼が描いたデフォルメされたイラストは、海外の観光地でカップルの似顔絵を描いて金をとる路上画家の作品のようだった。この出迎え方は、KSさんなりにインパクトを狙った作戦だったらしいが、正直、空港で客の名前を掲げて叫んでいる団体の添乗員のようで、かなり気恥ずかしかった。

KSさんの本業はITコンサルタントだが、プロフィールはかなり異色だ。

「米国NYの芸術大RISD卒　趣味はガードレールやトンネルのストリートペイント。真夜中、あなたの住む街でも描いてます」

バンクシーみたいに謎めいたプロフィールも、私がKSさんに会おうと決めた理由の一つだ。

アプリが教える紹介文のテンプレートをコピペしたような自己紹介は、とっくに読み飽きている……職場に出会いがなくて友人に勧められました。一流レストランのひとりの食事より、誰かの笑顔と出会いたいです。FBの広告を見てきました。性格は優しすぎるとよく言われます。趣味はゴルフ、筋トレ、車。ゴルフで一緒にコースを回りましょう。車の助手席に乗りませんか？　将来まで見据えたお付き合い希望です。

アプリの会員の6割くらいがこの手抜きテンプレ自己紹介で、少しうんざりしていた。せっかくならディープな婚活話が聞きたかったのだ。

そのまま品川のワインバーへ行っておたがいの自己紹介が始まったのだが、KSさんの静かだが明るいIT系のスペシャリストという最初の印象は急激に変化していった。一番、驚愕したのは、「アプリを使い始めてからどれぐらい？」となんの気なしに聞いた時に、彼が話してくれた凄《すさ》まじいアプリ歴だ。

これまで日米の出会い系・マッチング・アプリで出会って男女の関係になった相手は約

500人！　なんとKSさんは重度の出会い系・マッチング・アプリのオタクユーザーだったのだ。

マッチング・アプリの元祖は1990年代から米国で出会い系として登場した出会い系サイトだ。2012年、日本で結婚相手を探す婚活アプリとしてのサービスが始まった。

出会い系アプリの初期、ニューヨークの芸術大学に留学していたKSさんは、世界から集まる周囲の才能の凄まじさに挫折感を覚え虚無感に陥っていた。

「高校までは学校一絵が上手な、キラキラした才能の塊だったのに、大学では単なる凡人。周りのレベルが高すぎて、自分には売れる、価値ある作品を作る才能がないと思い知らされた」。その反動で好奇心からブームになっていたTinderやMatch.com、不倫サイトのはしり、アシュレイ・マディソンなどに次々に登録していったという。アシュレイ・マディソンは「人生は一度だけ。不倫しましょう」を謳《うた》い文句にしたカナダで始まった不倫サイトで、一時は日本でも180万人もの会員を集めていた人気サイトだ。

自分が絵で認められる可能性はないと確信を抱き、卒業してから2年間、コンピュータの専門学校に通って「手に職」をつける。

その後、ニューヨークでドイツ人女性に一目惚れして結婚したものの、2年で離婚。帰国すると、国内の出会い系や婚活系も含めて30近くものアプリに登録していた。不倫サイトでは「琉華」というホストのような源氏名を作って、その名前で人妻たちの相手をしていたというから、もはや完全にプロのジゴロと言ってもいい。

「もちろんセックスはしたかったけど、こういうアプリに登録する女性たちが何を求めているのか好奇心のほうが強かった。人妻不倫サイトはそんなに綺麗な人はいなかったけど、みんな心にいろいろ、ドロドロを抱えててそれなりに面白かった」

友達から始めましょう。気が合ったら真剣に結婚を見据えて付き合いたいですね……。どうとでも解釈できるこの便利な自己紹介文で、友達もセフレも恋人も見つけられた。気がついたら20代半ばから53歳の今まで約30年間、ありとあらゆる出会い系やマッチング・アプリを漂流しながら500人近い女性と関係を持ったという。私は奇跡的な偶然で、出会い系や婚活アプリの生き字引とマッチングしてしまったのだ。

「最近、梅毒が流行っているから、心配になってちゃんと検査を受けた。出会い系であちこちで関係を持っている人は絶対、検査したほうがいい。真面目な結婚向けのアプリにも、そういうリスキーな人が紛れ込んでるし」

なぜ、そこまでアプリにハマってしまったのか？

不思議なことにKSさんはこうしたアプリでの出会いを、遊びとはまったく考えていない。

「新しい刺激をくれる相手に出会いたい。自分の知らない世界の人たちの赤裸々な気持ちが知りたいという気持ちがあって。それに僕は5年前、医者にADHD（注意欠陥・多動性障害）と高機能ASD（自閉スペクトラム症）の混じった状態だと診察された。一定量の新しい人間関係がないと息苦しくなるのは、そのせいなのかもしれない」

KSさんのADHDの症状はかなりはっきりしている。人の話をよく聞かない、相手の話を遮る、部屋を片付けられない、コミュニケーションがスムーズに続かない、衝動的に新しいことを始めてしまい収拾がつかなくなる。

「部屋があまりにも乱雑で物がどこへ行ったかわからなくなるし、自分でした約束も自分で忘れてしまったり、相手からのLINEを返すのを2週間忘れていたり……でもITコンサルタントとしてはきちんと仕事ができているし、会社では困ることはない」

KSさん自身はそれほどコミュニケーションの困難を感じていないが、実は知り合ってから私自身ずっと、彼との意思疎通がスムーズに取れないことにイラだっていた。

LINEで自分から「今週の水曜、このライブへ行こう」と誘っておきながら、その後の連絡を既読スルーされ別の話題へ。聞いても返ってこない。だからまったく予定が立たず、先が見えない状態になってしまう。

連絡状況についてどうにかしてほしいと言うと、返ってきたリプライは「僕は毎日のルーティンとして、IT関係の勉強を2時間、コンサルタントとしての勉強を1時間、デジタルアーツを1時間、油絵を1時間やっている。どれも絶対に削れないから、生活は変えられない」。自分から誘っておいてなんて自分勝手な。

しかし実際にはKSさんの生活は、ほとんどが思いつきのイベントで占められている。ある日は突然、関東近郊の町から写真が送られてきて「京王線で乗り鉄をしてたら高尾にきた。宿がないから駅のベンチで寝る」。またある日は「仏教徒として修行するから、これから2週間、山寺に籠る」「映画監督の特集で朝まで12時間、大阪の映画館にいる」……突拍子もない連絡ばかり来る。

どうやら毎日のルーティン以上に刺激的な、新しいプランの誘惑には勝てないらしい。

当然、アプリで知り合った相手との交際も長くは続かない。

「アプリで知り合った約500人とセックス」の実態は、「付き合うことになっても連絡が途絶えがちなので、3ヶ月しか続かない」だ。コミュニケーションの問題に加えて、KSさんのADHDが人間関係に及ぼす影響は、自分で認識しているよりもずっと強烈なようだ。

しかし音信不通に激怒してもKSさんにはまったく伝わらないらしく、1週間もするとまた平然と連絡してくる。

こうした不安定な関係に耐えられる人は少ないため、アプリで出会った人たちはやがて距離を置いていく。正直、結婚どころか恋人、彼女という関係性も難しい。過去に真剣に好きになった絵画の講師にも、「あなたは私とちゃんと向き合う気がない」とフラれてしまったという。しかしKSさんはそんな孤独に陥りやすい自分の弱点をカバーするために、一つの保険をかけている。彼が住んでいるのは起業家の卵を集めたシェアハウスなのだ。日本人、外国人の男女がほぼ同数入居しており、ダイニングでは家族的な会話や交流が交わされ、淋しさを感じることは少ない。

KSさんはADHDではあるが、性格的には社交的で男女を問わず話しかけるしすぐ仲良くなれる。だからシェアハウスでは他の住人たちとうまくやっていて、共有ダイニングでの食事やフィットネストレーニングなどの時間も和気あいあいと交流していた。

「緩い繋がりが許されるシェアライフは、緊密な一対一の関係が苦手な僕にとってはすごく大切なもの。大家族と一緒に住んでいるみたいに心地いい。恋人や結婚関係になってストレスに悩まされるより、ずっとこのままがいい」

彼とは一番好きな作家が同じだったために、話が弾んだし気も合ったが、彼の不安定さが露《あら》わになるにつれて、コミュニケーションに難しさを感じ始めた。ADHDの勉強はしていたので、ある程度心の準備はしていたのだが……。毎回喧嘩になってしまって結局は続かなかったのだ。

だが、KSさんのアプリの予想外の使い方には、ある種の感銘を受けた。シェアハウスが家族代わりで、その他の人間関係はセフレや女友達を含めて全部マッチング・アプリで手に入れる。ADHDを抱える人が自分を追い詰めず、アプリを使って上手に繋がりを築き、新しい居場所を作り出しているのは交際方法の新しいライフハックと言える。

一見、不安定でいびつに見えるが、自分の弱点を補完しつつ欲しい関係性はすべて手に入れる生活。こんな時代だから、生涯シェアハウス住まいの単身者だって増えていくだろう。独身でも家族がいなくても、本業のITコンサルとしての仕事がうまくいっている限りは、うまく回し続けられるはずだ。

そもそも彼がマッチング・アプリにハマったのも、流動的な人間関係でADHDの弱点をうまく補完してもらえたため、とも考えられる。

KSさんを「自分の欲しいものだけを追い求める自己中な男」と考えるか、それとも「ADHDの弱点を賢く補完した今風の男」と考えるかは、人それぞれだ。

安定した恋愛関係を維持できないという彼にとってアプリはなんでも出てくる打ち出の小槌《こづち》でもある。婚活にも恋愛にも向いていないのに婚活沼が一番、居心地いいという矛盾。

アプリはＫＳさんのような「定型的な結婚生活や交際関係は難しい」と考える人にとって、誰かに責められたり人間関係で追い詰められることのない、数少ない天国なのである。

2　3000万借金して豪華新築邸宅に100人の花嫁候補を次々呼ぶ男

石造りの白亜の豪邸に、ガーデンテーブルが置かれた広々としたウッドデッキ。暖炉がある吹き抜けのロフトルームにはブランド物の家具が置かれ、可愛い2匹のポメラニアンが走り回る。そしてドラマに出てくるような光が降り注ぐおしゃれなアイランド・キッチンには、カフェのような白木のカウンターテーブルが備え付けられている。

そんな住宅雑誌のグラビアのような写真が、プロフィール写真にこれでもかと続く。大手アプリでマッチングした55歳のｙａｓさんの持ち家だ。何度かメッセージをやりとりするとすぐＬＩＮＥに誘われて、会って話してみることになった。ルックスは白髪交じり、中肉中背でゴルフ・ポロシャツ姿の、いかにも中間管理職の会社員風だ。

とにかく不動産屋の営業のようにトークが手慣れていて、ガンガン押してくるのに驚いた。もう最初のアプリに入会してから3年目。マッチングした人数もかなりのものらしい。

ｙａｓさんは6年前に離婚し、住んでいたローン完済のマンションを妻子に渡して新しいこの家を建てた。

「この歳で離婚したらもう再婚も難しいんじゃないかと焦って。それなら新しい妻に住んでもらいたい家を買おうと、銀行に借金をして千葉に家を買ったんですよ。特にキッチンとかリビングとかかなり凝りました。見てください、このアイランド・キッチンいいでしょう？　スウェーデンからの輸入物なんです」

結婚したら住むのは君だから最初に見て決めてほしい、というのが口説き文句。とにかく話題といえば家がどんなにおしゃれで便利で住みやすいか、愛犬のポメラニアンがどんなに可愛いかということばかりで、ｙａｓさんがどんな人間かは謎に包まれたままだ。思い切ってずっと引っかかっていた疑問をぶつけてみた。

「今までアプリで知り合った女性はどれぐらい？　お宅を見に来たのは何人ですか？」

「もう100人に近いですね。みんな見学してデリバリーしたイタリア料理やワインを楽しみながらおしゃべりして帰られますよ」

100人の豪華戸建て専業主婦希望者が、この家で夜な夜な晩餐《ばんさん》を繰り広げていた……。なんだか単なる「豪邸見学会」には終わらない、危険な雰囲気が漂っているのだが。ｙａｓさんは青髭《あおひげ》なのか？　地下室のドアを開けたら、その女性たちが幽閉されていたりしないのか？　ダイレクトに見学者たちとの関係を尋ねると……。

「いや、大体は楽しく盛り上がっておしゃべりして……という友達ノリです。もちろん親しくなってちゃんと付き合った人も何人かいましたけど、最終的には結婚まで行かなかったんです」

だっていくらドラマのロケができそうなおしゃれな家でも、家と結婚するわけじゃない。肝心のｙａｓさん自身の結婚適性はどうなのか？

突っ込んで聞いてみると……意外なことに、白亜の豪邸は彼の辛い過去からのリベンジだったのだ。


最近、人気が上がっている千葉のベッドタウンの駅前からバスで十分。駅前には衣料品チェーンストア、大型量販店、居酒屋や大型スーパーなどが揃っているが、少し離れると静かな住宅地が続く。ｙａｓさんの邸宅は川沿いの新興住宅地に建っていた。柵に囲まれた庭はきれいにガーデニングされていて、広々としたウッドデッキにはＢＢＱセットが置かれている。駐車スペースには小型のワゴン車が置かれ、とても一人暮らしとは思えない。明らかにファミリーを意識した作りだ。

大手マッチング・アプリで知り合ったバツ持ち男性に今、どんなところに住んでいるかを聞くと、大抵、離婚後、単身用のマンションに引っ越したと答える。財産分与を要求され家を妻に渡したり、家を売った半分の金額を渡したりすることが多いため、家賃を節約しなければならないからだ。最近は早期退職後や定年退職後の妻からの離婚が増えたため、持ち家にそのまま住むことはますます難しい。

だから離婚後に新築戸建てを建てて住んでいるｙａｓさんは、かなり異色だ。

2匹の白いポメラニアンと一緒にロックＴシャツにデニム姿で迎えてくれたｙａｓさんは、テンション高く陽気にしゃべりながら家中を案内してくれた。ご自慢のアイランド・キッチンは収納棚に調理器具も調味料も極端に少なくてほとんど使った痕跡がなく、吹き抜けのダイニングテーブルには買い置きのカップ麺が置かれているし、寝室のツインのベッドは一つしか使われていない（多分）。

要するに、この家のファミリー機能は、まだ残念なことにまったく活かされていないのだ。

リビングでコーヒーを出してくれたｙａｓさんは、得意そうに建築雑誌に掲載されたこの家の写真を見せてくれた。

「建築家の方にがんばってもらってね。普通の建売りとは間取りも全然違う。再婚したら毎日、パーティができる楽しい家にしたいと思って」

私がなぜ前の奥さんと離婚したか聞いていいか、と尋ねると、ｙａｓさんは驚いたようにこっちを見つめる。

「そんなこと聞かれたの初めてです。みんな、そこには触れないんですよね」

逆に私が驚いた。

離婚原因はとても重要な情報だ。もしかしたらＤＶとかパワハラとか浮気とか虐待とか、結婚生活に支障をきたす問題があるかもしれない。もちろんそれを正直に打ち明ける人がどれぐらいいるかはわからないが、まったく触れずに新しい交際を始めるのは無理がある。

でもアプリで知り合った人たちは腫れ物に触るように、お互いそこには触れないという。もしかしたらこれまでのマッチング相手は、ｙａｓさんと真剣に交際しようと考えていなかったのか。

「元妻はずっと専業主婦で、外に出るのはあまり好きじゃなかった。人材派遣業の僕は忙しくて地方を飛び回る生活が長引いて、だんだんに会話がなくなって。娘２人の育て方も噛《か》み合わなくなって何度か僕が長女の派手な化粧や服装を怒ったら、それから口をきかなくなった。で、それがこじれて娘と妻の両方から出ていってほしいと」

だから妻や娘を理解できず、仕事漬けで家族とのコミュニケーションから逃げていた自分への、強烈な負い目があった。

妻は娘たちの家出宣言をきっかけに、長年溜まっていた不満を晴らすかのように離婚、財産分与を要求してきた。娘たちはパートで自分が育てるから財産、退職金の半分と養育費を払ってと言われ、仕方なく支払った。娘たちを路頭に放り出すわけにもいかず、yasさんが家を出た。妻子の月々の生活費も払いながらの部屋探しは辛かったと言う。

「浮気をしたわけでもないしこっちに落ち度がなくても、言われるがままに財産分与しなければならないのが辛い。次女がまだ未成年だから仕方ないけど、正直納得がいかなかった。必死に働いたのも家族のためなのに」

仕事も早期退職を迫られ崖っぷちに追い詰められたyasさんには、再婚が望みの綱に思えた。新しい家族ができればきっと救われる、相手の女性が住みたい家さえあればなんとかなる。仕事に追われて家族の気持ちがわからず、追い出された失敗を挽回《ばんかい》したい。

小さな会社に転職すると、銀行に家を新築するための3000万円の融資を打診して新居の設計にエネルギーを注いだ。そして新居の完成を待って3つのアプリに入会し、積極的な婚活を開始した。それが豪邸見学会の裏事情だったのだ。

yasさんの不動産屋トークを聞いたマッチング相手たちは皆、どんな気持ちだったのだろう。彼が見せたのはあくまで新築した家で、彼自身じゃない。再婚したらこれからこの家でどんな生活をするのか、パートナーとどんな関係になりたいかわからないし、それを話し合う姿勢もない。ハードは万全だがソフトはまったく準備されていないので、システム障害を起こすのが当たり前の家なのだ。

日本の定年離婚、熟年離婚にはこのパターンが多い。夫は稼いでハード（容器）を手に入れることで満足している。でも妻や子供はソフトの機能不良の容器の中で窒息寸前で、出ていくことしか考えられない。

ｙａｓさんに「この家で楽しく家事をしてくれる専業主婦の奥さんが欲しいんですか？」と言うと、そうだ、と言う。「家を見に来た女性はほとんどが家で落ち着きたい、家にいるのが好き、という専業主婦志願者たちだった。僕もそういう女性のために家を建てたんだし、ちょうど釣り合いが取れるでしょう？」

それで再婚したらきっとまた失敗を繰り返す。

見学に来た女性たちはｙａｓさんを結婚相手として認識したのではなく、この家なら家賃無料の引っ越し先になりそうと思っているだけだ。窮屈になったらまた出て行くか追い出される。でも無邪気に邸宅自慢をするｙａｓさんにはそんな不安は見えない。ｙａｓさんの価値観は日本がまだ経済成長期で家や物が豊かさの象徴だった時代で止まっていて、家族にはソフトが必要だという観点が抜け落ちている。素敵な家、便利な家電、ガーデンテーブルセットがあるバルコニー。ハードは完璧だが、それを楽しむために必要な家族の関係性は機能不全だ。

「ここに見学に来てくれて気が合った人には、最後に聞くんですよ。ここに住まない？ なんなら今日からでもいいよって。それで1週間とか1ヶ月ぐらい一緒に住んだこともあるんだけど、みんな老親を介護してたり、関係が続かなくて」

この大きな家に1人は淋しすぎる。だからｙａｓさんはすぐに誰かと知り合えるように、アプリはいつもチェックしているという。マッチングしてもすぐ次の人を探すのがもう習慣化しているのだ。

「アプリに登録した頃から誰かと付き合ってても、朝起きると習慣でアプリをチェックして、1日に何回も見ちゃうんだよね。なんていうか精神安定剤？ 僕のようなオヤジだと『いいね！』をくれるのは業者やサクラが多いし、登録して半年も経つとマッチングはどんどん減っていくから、退会して再入会してを繰り返してまた同じ人とマッチングしたり」

だから複数のアプリを併用する。

会員数2000万人、最大手で20歳から45歳ぐらいがメインのペアーズ。「今日暇」「週末空いてます」というゲーム感覚の「おでかけ機能」で出会えるタップル。心理テストで相性のいい相手を紹介してもらえる、趣味の好みカードがあるなどマッチングしやすいウイズ、バツイチの再婚希望者や50代、60代もマッチングできるマリッシュ。

それぞれ特徴やメリットが異なるので、複数登録することでマッチング率は確実に上がるのだ。

yasさんは3年間に5つのアプリに登録していたが、もうマッチングからメッセージ→LINE→ビデオトーク→お家見学の段取りが決まってしまって、完全にマニュアル化しているという。

「それでどう？　このままここに住んでみない？　絶対、楽しいよ」

テイクアウトのピザとビール（私はコーヒー）でランチしながらおしゃべりしていたら、お約束の誘い文句が飛んできた。ノリが軽すぎて、相手によってはワンナイト的なナンパとも受け取られかねない。

「私のこと何も知らないのに。仕事とか今までの生活とか結婚観とか何も聞かないじゃないですか。興味がないのに一緒に住もうって言われても……」

私がそう返すと、yasさんは驚いて「興味があるから家に呼んだのに」と言った。

彼は女性の気持ちが本質的にわかっていない。他人に関心を持ったら、どんな人か、何を考えているのか、プライオリティは何なのか知りたくなるはず。なのにyasさんの会話はまるで飲み会でのセフレナンパのように表面的で内面に無関心だ。

この家に住みさえすれば、リビングのソファに座ってさえいれば満足なのだろうか。

人は自分に関心を持たれていないと、相手にも興味がなくなる。「どうでもいい人」「圏外の人」になる。圏外だからもはや電話も繋がらないし、意思の疎通ルートも途絶えてしまう。最終的にはそこにいてもいない人になる。

それが妻や娘とのシステム障害を起こした理由だったのだろう。

ｙａｓさんの家族がｙａｓさんを「圏外」とみなしたのは、彼にとって家族が「圏外」の理解不能な人々だったからだ。そして今、ｙａｓさんはマッチング・アプリで出会った女性たちに、同じ失敗を繰り返している。

たとえセックスをしても一緒の家に住んでも、何も通じ合えない相手はいずれ「財布」か「耐久消費家具」か「不用品」になってしまう。アプリで話を聞いたバツイチ男性組は、半数がこのケースだった。だから夫の退職や定年を待ち構えていた妻に、財産分与で別れよう、と言われる。

そしてさらに哀しいことに彼らは自分がなぜ妻から「圏外」認定されたのか、どうすればそれを圏内にできるかもわかっていない。だから何年アプリをさすらっていても理想の再婚相手に巡り合えないのだ。ｙａｓさんの無限ループがこれからもずっと続くかもと考えると虚《むな》しい気持ちになった。

昭和生まれ50代から60代の経済成長期世代にとって、嫁は常に「内助の功」「良き妻、良き母」が理想とされ、それを大っぴらに語っても問題なかった。妻子は経済的にも政治的にも企業戦士の従属物のように扱われ、ジェンダーギャップは世界116位の今よりずっと底辺で、#MeTooなどありえなかったのだ。

そんな時代に育ってきたyasさんのような男性たちが、離婚したからといって急には変われない。「いつも家で待っていてくれて、アイランド・ダイニングで美味しいご飯を作ってくれる嫁」を探すのをやめて、興味を持った誰かと生き方を擦り合わせていくしかないのに。それができたら離婚もしていないだろう。時代が変わってしまったことにまだ追いつけない彼らは、心地いい涙を誘う昭和の思い出にノスタルジーを抱くしかないのか。

そんな話をしている側から、彼はスマホでアプリを盗み見ている。次の豪邸見学者が見つかったようだ。結局、私はyasさんの期待に沿えないまま、豪邸を後にすることにした。駅まで車で送ってくれたyasさんは「よかったらまた遊びに来て」と手を振ったけれど、きっともうここに来ることはないだろう。

3　アプリの女王から降りられない。「いいね!1000超え」のリベンジ

35歳、168センチ。スタイル抜群の元モデルのアヤさんは20年間クラシック・バレエを続け、野菜ソムリエやヨガインストラクターなど多くの資格を持つ菜々緒系の美人だ。艶やかなロングヘアに胸を強調した白ワンピースの写真はパッと目をひき、1000以上の「いいね！」がついている。

そんな彼女は常時、マッチング相手7、8人と同時進行し、新宿や恵比寿にある高級ホテルのレストランでゴージャスなディナーを楽しんでいる。

「あなたに会えるなら、とわざわざ北海道やハワイから飛行機で駆けつけてくる人もいる。当然、食事代は全部自分もちでいいと言う方しか会わない」。あっさりそう言い放つアヤさんなら、幸せな結婚なんて秒で手に入る……と思ったが、実はアプリに登録したのはもう3年前だ。

こんなモテ女性が3年間も相手が見つからないなんてなぜ？

俄然《がぜん》、興味が湧いてきた。

「女王」のことを知ったきっかけは、偶然、知り合った男性会員Bさんのぼやきだ。

「この前、マッチングした女性の会おうという誘いを断ったら、私に会うために会社を休んで全国から飛行機で駆けつける人がたくさんいるのに、と逆ギレされた」

そんな女性会員がいるのかと興味を持ちいろいろ聞いていくと、容赦ない弱肉強食の世界で最強種に属する猛禽《もうきん》女性ユーザーの生態がリアルに浮かび上がってきたのだ。

個人で飲食店を営む小柄でシャイな感じのBさんが、大手マッチング・アプリに登録したのは3年前。今までにリアルで会ったのはほんの3、4人という。

Bさんは恋愛に大きなコンプレックスがある。これまでの恋愛で本命を落とすための当て馬的な役割をさせられることが多く、「自分は本命になれない」ということがトラウマになっていたのだ。それがアプリに登録してますます強くなったという。

「モテる女性は複数進行が当たり前で、同時に何人ものマッチング相手と会って振り落としていく。ぼくはいつも最初に振り落とされる立場だから、最初から複数進行の女性はお断りなんです。プロフィールにもそう書きました」

だが、どんな巡り合わせか皮肉なことに、そんなBさんにアヤさんが「いいね！」を送ったのだ。会おうと誘うアヤさんへの返事は「お誘いはありがたいが、複数進行ならお断りします」。今まで褒めちぎるだけのメッセージに慣れていたアヤさんはこの返事に逆上した。「私に会いたいという人が何十人も待っているのに失礼すぎる。あなたは何様なんですか？」何通かのメールで立て続けに攻撃されたBさんは、今、アヤさんをブロックして防戦している。

このバトル、どちらも気持ちはわかるが、お互い結婚できない理由がここに凝縮されている気もする。つまり自分に徹底的に都合のいい相手としか会わない、それ以外は価値がない人間という偏った考え方だ。都合の良い相手というのはセフレだったり財布代わりや一方的な精神安定剤だったりするわけで、良い結婚相手とはむしろ真逆なベクトルなことも多い。

同時進行から始まるのが当たり前のマッチング・アプリで、Bさんのように「他に候補がいるなら自分を選ぶな」というのは、実は自分を特別扱いしろという傲慢さの裏返しだし、それに逆ギレして「私のようなセレブには会ってもらっただけで喜ぶべき」というアヤさんもあまりに傲慢すぎる。たとえ「いいね！」が1000の美女、イケメンでも、気に入らなければ断られるのは当たり前なのだ。

こんな2人がほんの弾みでマッチングするのだからアプリは怖い。

「いいね！」が1000超えなのに、なぜか結婚からは遥《はる》かに遠い。そんなアヤさんに興味を抱いた私は、本書のことを打ち明けて話を聞いてみることにした。ダメもとだったが、意外にもあっさりOK。「いいね！1000超えのアプリクイーンにインタビューしたい」というコンセプトを気に入ってくれたらしい。

渋谷の某ホテルのラウンジに現れたアヤさんは、写真通りのはっきりした目立つ顔立ちに、鎖骨を見せる光沢のある黒ワンピがよく似合っている。背筋をピンと伸ばした姿勢やベルトで強調したウェストの細さに、日頃の女子力磨きの成果がうかがえた。元モデルだけあってメイクもうまく、「東京カレンダー」にワイングラスを持って登場しそうな雰囲気だ。

ひとしきりアヤさんのアプリ道について話を聞く。

最初は警戒していたが、やがて少しずつリラックスし始めたアヤさんの口から出てきたのはあまりにも意外な過去だった。

実はアヤさんは32歳まで既婚の経営者と5年間、不倫関係にあったのだ。

何度も別れたりよりを戻したりを経てこのままでは一生結婚できないと気づき、ついにきっぱりと決別。理想の結婚を目指すために、美容や資格、フィットネスの努力を重ねてアプリに登録した。20代からの貴重な5年間を不毛な不倫関係に費やしてしまったという焦りで、自分磨きの目標の設定がぐっときびしくなったという。

しかし、ここであることに気づいて衝撃を受ける。

「別れた彼は、高級レストランの10万円近いコースでもすっとブラックカードで支払ってくれる人。いつの間にかそういう金銭感覚の相手としか付き合えなくなっていた」

どんなに好きな相手とでも、毛玉のついた服を着て夕食にコンビニ弁当を食べるような生活は絶対ムリだと思った。住所は港区か世田谷、新宿、渋谷、品川区以外は許せない。

子供も欲しいし、いい大学にも入れたい。子育て中もエステやフィットネスは欠かせない。だからマッチング相手に高級レストランの支払いを求めるのは、相手の経済力や生活力をチェックするための第1次審査だ。それに応じる人しか第2次審査デートに進めないという。

「第2次審査は相手の子供が欲しいか、の見極め。ルックスとか頭脳、才能とか……どうしてもその人の遺伝子が欲しい！と思える人なら」

が、次々につく「いいね！」の中には別の罠があった。

実はアプリ初心者の頃に出会い、本気で好きになった年下のイケメンに、やり逃げされてしまったのだ。彼も「いいね！」1000超えの人気者で、プロフィールにはIT経営者、年収1000万円、未婚、と書かれていた。白シャツが爽やかな坂口健太郎似の41歳で、新宿のレストランで会った時も、「アヤさんとは結婚を前提に考えていきたい。他の男性にはもう会わないでほしい」と情熱的に話していた。

その真剣さに負けて二次会はバーへ、そしてそのままホテルに宿泊した。セックスもおしゃべりも音楽も相性は最高で朝まで夢のように楽しい時間を味わい、この人こそが運命の人だと実感したという。が、相手はアヤさんと関係を持った後、LINEの連絡もぷつんと途絶え、すぐにアプリを退会して姿をくらましてしまった。セックスだけが目的のヤリモクが運営に訴えられないように、よく使う手だ。

「いつもならそんな失敗はしない慎重派なのに、この時だけは『ど真ん中のタイプ』だったため見誤った。ディナーの料金も請求しなかったし単に遊びたかったんでしょうね」

その悔しさはいまだに尾を引いている。それ以来、自分も多くの「いいね！」を集めて、マッチング相手を転がすことしか考えられなくなった。

「相手が自分のためにどこまでしてくれるかを見極めて、それを付き合うかどうかの判断材料にしています。相手が支払う額はその証明っていう感じですね。口先だけでなんとでもごまかせる言葉より、苦労して稼いだお金のほうがよっぽどバロメーターになる」

理想の結婚のためだった努力が、いつの間にか「いいね！1000」のアプリクイーンを維持することに変わっていた。アプリは一度ついた「いいね！」がずっと保存されるわけではなく、毎月「いいね！」が新しく増えないと目減りしていく仕組みだ。何か呟《つぶや》いたり、写真を追加したり、新しいコミュニティに参加したりして活動しないと、プロフィールが人々の目に触れる機会も減り、「いいね！」はどんどん減っていくことになる。

そこでアプリ有名人を目指す人々は、毎晩、水面下で自分に「いいね！」をくれそうな、そこそこの男性・女性に足跡や「いいね！」をつけまくり、気がある演出をしている。そうすることで自分の存在を認知させられるし、こんな素敵な人から足跡をつけられた、

「いいね！」を送ろうという気持ちにさせられるからだ。

アヤさんもこの人なら自分に興味を持つのでは？ という男性に足跡をつけたり、時には「いいね！」をして相手のアクションを誘導する。Bさんに「いいね！」を送ったのも、そういう女王の座を守るための集票活動だ。

あるマスコミ関係の38歳男性は、毎晩100人近くに足跡をつけるという。

「100人中、10人『いいね！』がくればいいかな……と。自分から『いいね！』をつけるより、向こうからつけてもらったほうがうまくいくことが多い。200超えあたりから、『いいね！』の数だけでも興味を持ってもらえるので、多いに越したことはないですね」

たかが「いいね！」一つにそんな政治的な意味があったとは。「いいね！」を1000もらってもそれで結婚できるわけでもないし、ポイントや現金に還元できるわけでも、「いいね！」最多賞をもらえるわけでもない。

すべて自己満足だ。

アプリのビギナーは、こんな水面化の熾烈《しれつ》な足掻《あが》き合戦に驚愕するに違いない。

アヤさんがBさんに「いいね！」をしたのもそんな演出戦略の一環だった。「いいね！」を限りなく集めることも、マッチング・アプリの沼から出られない依存の麻薬と言えるかもしれない。

だが、いつまでクイーンを続けたら満足できるのか。

「子供を産めるリミットが近づいているので、そろそろ覚悟を決めないと。でもこれまでがんばってきた努力の投資は必ず取り返したい」

それから3ヶ月。アヤさんはまだ第2次審査を通過する相手に出会えず、毎日山のように来る「いいね！」の数と反比例して結婚は遠のきつつある。

4　セックスか関係性か？　超エリート女医が「いいね！」する相手は？

都内の大学病院で働く44歳の女医、マリさんは、アプリに登録してから20数人の男性と会ってホテルにいったという。こんなエリート女性がなぜ？と驚いたが、それは彼女が付き合う候補者に求めるどうしても譲れない必須テストだったのだ。

「一緒にいい時間を過ごせる方を募集します。最終ゴールは結婚に限りません」

マリさんのプロフィールにはこんな自己紹介が書かれている。

一部の男性はセフレ募集？と勘違いするだろう。

そもそもマリさんを知ったきっかけは、友人男性Cさんのアカウントで、彼がマッチングした相手である女性会員のプロフィールを見せてもらった時だ。

アイコン写真には理知的で物静かな感じの女性が写っていて、プロフィールには「医師 42歳　年収1200万円　独身」と書かれている。

その時のCさんの言葉がひどく心に引っかかった。

「マッチングしてマリさんと会った時、こう言われた。私は婦人科の病気で2年後に子宮と卵巣の全摘出を控えている。ずっと仕事が忙しくて独身だったし、セックスの経験が少なくてオーガズムもよくわからない。このまま女でなくなるのは淋しいので、誰か良い人と付き合って後悔しないように経験しておきたい」

マリさんに異性としても惹かれていたCさんは「自分でよければ」と引き受け、2度目のデートでCさんのGOサインをもらい部屋に遊びにいって男女の関係になった。

「僕の今までの女性経験は90人ぐらい。それなりにはスキルがあるので精一杯がんばり、2回目のセックスで、少しわかったような気がすると言ってもらえた」

このまま関係を続けていけばいつかは……という期待を持ったが、3回目のセックスの後、別れのメールが来た。

「あなたとのセックスは好きだが、ちゃんとコミュニケーションが取れない関係が精神的に負担なので、これ以上踏み込めないと。つまり体はいいけど、人間的にはダメと言われたようで結構ショックでしたね」

タイムリミット内に「女性としての幸福」を体験してみたい気持ちを聞いてみたくなった私は、マリさんに連絡を取り、多忙な病院の仕事の合間にリモートで話を聞くことに成功した。セミロングを後ろで結んだマリさんはメイクは薄く理知的な美人だ。

「今もお相手を募集中ですか？」と尋ねると、「2、3人とたまに会ったりビデオトークしている」との答えが返ってきた。

「女性としての幸せを実感できる相手と出会えたか？」という質問には、「難しい」との苦笑が返ってきた。

「私の経験が少ないせいか、少しでも心理的に距離を感じると接触が苦痛になってしまって。本当は長く付き合って信頼してから性的に関係を持てばいいのだが、その時間がない」

子宮摘出したら、もうセックスはできなくなるのか？ 疑問に思って聞いてみた。

「妊娠ができなくなるだけで子宮卵巣摘出後もセックスはできる。でもやはり欲望を感じにくくなったとか性交痛が出てしまうとかの声もかなり聞く。心理的なものもあるのかもしれないが。今の状態でそうなってしまうのは女として淋しい」

セックスの満足度と関係性への満足度は別物だ。

結婚していても夫とのセックスに満足を感じたことがない、相手に悪いから演技しているという女性も結構いる。これまで長年にわたって取材してきたアラフォー、アラフィフ女性たちの「夫のセックス」への気持ちを総合すると「セックスはあまり……だが、夫としては満足している」、もしくは「若い頃はよくしたがもうセックスレスになっている。それでも、人柄的には好きなので今さら別れる気はない」という声が一番多かった。

つまりセックスの相性やスキルは大切だが必ずしもセックスが相手の価値を左右するわけではなく、逆にセックスがいまいちでも人柄や価値観が合えば夫として満足できうる、ということだ。

しかし……これは女性がある程度、結婚前に経験を積み、セックスと人柄や価値観を天《てん》秤《びん》にかけられるようになっていることがポイントだ。マリさんのように交際やセックス経験が少なくタイムリミットがある場合は、女の幸せの象徴としてセックスの比重が高くなるかもしれない。

皮肉なことにセックスの相性が最高なのに精神的な相性は最悪、ということもよくある。それどころか酷い遊び人だったり誠実さのカケラもない相手なのに、セックスだけは達人、というケースだって珍しくない。

そうなるとどこで相手との相性を測ればいいのか？

マリさんは3つのアプリを使って相手を探しているうちに様々な男性と知り合い、中には結婚相手としては合格点の男性とも出会ったという。

「大学の先生とか研究者とか……。性格もいいし教養もあって話し相手としては良かった。でもそういう人との関係は非性的で、なぜかそもそもセックスしたくならない。Cさんのセックスには希望が持てたけど、彼のコミュニケーションの取り方が自己中心的で長くは付き合えないと思った」

セックスと結婚。本当は女性として体の状態に沿った結婚相手を、誰もがこんなふうにきちんと考えるべきなのだろう。なのに今まで誰もきちんと語ってこなかったのはなぜなのか？

おそらくミソジニー（女性嫌悪）バイアスの強いこの国では、女性たちが女性目線で結婚相手にセックスの相性を求めることが許されなかったのだろう。

いまだにアイドルに処女性とか清楚さとかを求める日本の中高年男性たち。彼らは自分たちが関係性の主導権を握っていないと、性的アイデンティティが崩壊してしまうのだ。だから妻たちは夫を傷つけないように感じないセックスを隠して演技するし、それについて夫と話し合うことを避ける。

一番大切なことが一番センシティヴだから、お互いに話すことを回避する絶対的なタブーになってしまう。

結果、セックスレス、不倫、熟年離婚へと繋がっていく。

むしろマリさんのように、正面から相手にこの課題をぶつけたほうがずっと解決に近づくはず……なのだが、なぜうまくいかないのだろう。

「ただでさえ男は自分のがんばったセックスが合格か不合格かをとても気にする生き物。最初から合格点を出してほしいという女性側のプレッシャーがあると、一緒に生活するのは精神的にキビしいかもしれない」

Cさんの言葉には納得できた。気持ちいいセックスに知識やスキル、経験が大切なのはもちろんだが、物理的には同じことをしていても、感情も快感も個人のストーリーによってまったく別物になる。

だからセックスで競技のように他人と競い合ったり、点数をつけることは難しい。

マリさんが本当に探しているのはセックスの快感を共有できるだけでなく、彼女の生きてきたストーリーに共感してくれる人なのだ。

そういう相手と出会うために、「エリート女医でスペックも年収も高いが、セフレ的関係もあり」と受け取られかねない自己紹介を、「おたがいにサポートし合えるパートナーを探しています」に変えるべきだろう。子宮がなくなっても、マリさんが変わってしまうわけではないから、焦る必要はまったくないのでは？　そう言ったら考え込んでいたが、1週間後、プロフィールが私の提案したように変わっていた。

個人の事情やわがままをとことん受け入れるのがマッチング・アプリの本質で、だからこそユーザーにとって唯一無二のコミュニティになる。

5　動物激ラブ！なのにヤリモクだった獣医とマッチングした悲劇

小学生の頃からの夢を叶えて獣医になりました。ボランティアさんと一緒に捨て猫、捨て犬のケアもしてます。気がつくとクリニックを出るのはいつも深夜。そんな38歳の僕ですが、そろそろ一人暮らしが淋しくなってきたので真剣にお相手を探してます。

そのユウタさんの紹介文を見て話を聞きたくなった。

アイコンは柴犬を抱いて笑っている写真だが、他の写真は海外旅行で、砂漠で外国人とハグしていたり、顔ぐらいのハンバーガーを頬張《ほおば》っている学生のように無邪気なものばかり。

「猫を飼っているので獣医さんには頭が上がらない」というメッセージを送ると、「獣医は楽しいけど忙しすぎて、女性と出会うチャンスがほとんどありません。ぜひ会いたい」という返信が。

それからはすごい速度でメッセージが往復した。

大きなペットクリニックで働いていて家は近所の寮だから、毎日ほとんど家と職場の往復で終わってしまうこと。海外旅行が大好きでコロナ前は毎年タイやバリ島に行っていたこと。コロナの在宅勤務で猫飼い初心者が増え、溺愛《できあい》のあまりちょっとした不調で動物病院に来るので、獣医の忙しさが半端ないこと……。

ユウタさんからのメッセージは誠実だがノリが良くて、ちょっとお茶目な年齢相応のものばかりで、不安を感じさせる要素は一つもない。これなら会っても大丈夫、と思った頃、デートを約束した。

ユウタさんが夕方で勤務が終わる土曜日、2人の住む街の中間地点にある大きな公園で待ち合わせを決めた。

何か飲み物や食べ物を買ってピクニックしようと提案したのは、健康的なアウトドアのデートなら、相手がセックス目的だった場合など変な展開を心配しなくてもいいと考えたからだ。アプリで知り合った相手と初デートする場合は、必ずヤリモク警報テストをチェックすることにしている。

一応説明しておくと、ヤリモクというのは婚活アプリ用語で「ヤリ目的」の略。女性会員にとって特に悪質な、ワンナイトのセックスのみが目的の男性会員だ。相手の男性が「会ってすぐにホテルに誘う」「最初から女性の家に行きたがる」「夜しか約束しない」なら、ほぼセックスのみが目的のヤリモクだ。こういう男性は1、2度セックスをしたらもう連絡が取れなくなり、運営に通報されないように退会してしまう。

ヤリモクはどのアプリにも一定数いるし、TwitterなどSNSでは「私はこいつに騙された！　危険なヤリモク男リスト」的なブラックリストも出回っているので、気になる人は調べてみてほしい。

というわけで、私も一応、ユウタさんがブラックリストに載っていないかチェックしたが、見当たらなかったのでGOサインを出した。それに日中の公園ならさすがに危険なことはないだろう。

待ち合わせの駅で会ったユウタさんは、プロフィールの写真通りで、明るくてまだ学生っぽさが残る男性に見えた。イケメンではないけど爽やかな好青年タイプだ。公園までの道すがら、とりあえず「身上調査」として獣医の仕事の話を聞き出す。つまり獣医というプロフィールそのものがフェイクではないかのテストだ。病院の名前、場所を聞き、獣医の仕事について具体的に突っ込んで尋ねてみた。

どれも真っ当な答えが返ってきたし、辻褄《つじつま》が合わないところもない。以前、病気で入院した愛犬が深夜の看病を受けられず、そのまま死んでしまった恨みをぶつけると、「深夜の治療ありの病院を選ばなかった君が悪い」と、逆に教育的指導を受けた。

職業に嘘はなさそうだし、仕事は真面目にやっているらしい。獣医としてはまだ下っ端でかなりこき使われていることもわかった。たとえ女性と出会えても付き合える時間は極めて少なそうだ。

しかし、カフェに入ってお茶を飲みたいと誘うと、「時間がもったいない」という謎の理由で拒否られた。後から振り返ってみると、ここで変だと思うべきだったのだ。カフェでお茶を飲む時間がもったいないなんて、ヤリモクのフラッグが立ちまくりなのに、なぜかユウタさんの仕事の話を聞いているとそんなふうにはまったく思えなくなっていた。私はまだまだ見極めが甘いようだ。

仕方なく途中で有名ペストリーショップのスウィーツやサンドイッチ、コーヒーを買い込む。公園に着いた時はかなり浮かれたピクニック気分になっていた。

しかし、ユウタさんに連れていかれたのは公園の一番奥の薄暗い雑木林の中。人気《ひとけ》はなく、夜になったらかなり恐ろしい場所だ。そこにシートを広げてピクニックをするというのは妙だと思ったが、獣医バイアスが邪魔をして何も下心なんてあるわけないと勝手に思い込んでしまった。

私のプランでは買ってきたサンドイッチとカヌレを食べて、のんびりコーヒーを飲みながら仕事や海外旅行についておしゃべりし、それで気が合えば次のデートを約束して暗くなる前に「またね」の予定だった。

スウィーツを皿に並べていると、いきなりユウタさんがすごい勢いで抱きついてきてキスをしようとしたので驚愕した。えっ……？　まだピクニックを始めてさえいない。しかも鼻息が荒く速攻でエロモードになっている。まずい。このままでは人気がないのをいいことに、夜の新宿御苑系デートに突入されてしまう。「ちょっと待って」と体を離そうともがくと、「えっ、なんでダメなの？」と驚かれ、さらにがしっと抱きすくめてきた。

まるでさかりのついたチンパンジーだ。

この公園の薄暗い場所を選んだのはもしかして、無料でラブホ代わりに使おうという魂胆だったのか？

押し倒されまいと揉み合ったあげく、私はユウタさんの右手をねじり上げる作戦に出た。本気で捻ったのでかなり痛かったらしく、むっとした顔で睨《にら》みつけてくる。一瞬、逆ギレされて殴る蹴るの暴行をふるわれたらどうしようと、背中に冷たい恐怖が走った。

不意に頭の片隅に「フリーのジャーナリストがマッチング・アプリの取材中に公園で男と揉み合って怪我、病院へ搬送」的なニュースの見出しがチラつく。

確かにマッチングしてからたった3、4日で、いきなりリアルに会うなんて危険すぎた。それも「獣医」という二文字につられたせいだ。

もしこれが普通の会社員とかITエンジニアだったら、もっと慎重になっていただろう。いかに職業バイアスがあてにならないかを痛感した。いや、獣を治す医師ではなくて「獣のような医師」とオチをつけるべきか。

やっとの思いでユウタさんを突き放すと、彼は自分の両腕を見せて「内出血してる。こんな力で摑まなくても」と恨みがましく文句を言った。なんならこっちが過剰防衛で訴えられそうな勢いだ。とにかくやっと体が自由になった。一刻も早く逃げようとバッグを拾い、「仕事があるから」と手を振ると、ユウタさんも忌々しげにその場を去っていった。

駅に戻るまでは冷静だったが、気がついてみると心臓が爆速で打っている。全身が緊張で硬直していたことに気がつく。

ユウタさんはマッチングするたびに会って即やってさよならの、鬼畜なヤリモクだったのか。それなら他にも被害者がいるはずだ。早速調べてみたが運営から強制退会させられた痕跡もない。被害届が出ていないということは、みんな獣医の肩書につられて会って、ショッキングな結末だったけど沈黙しているということなのか？

私自身もユウタさんが獣医だから会ったわけだし、心のどこかで悪い人だと思いたくないという抵抗もある。が、現実にはアプリの運営に訴えれば強制退会になるレベルの反則だ（既婚者、性的強制や性暴力、詐欺、誹謗中傷や罵倒、いずれも通報すれば強制退会になる）。マッチング・アプリのプロフィールや自己紹介は、ぱっと見のカテゴライズには便利だが、実は「見せたい自分」として真逆にミスリーディングするケースもあると痛感した。

6　知っておくべき警戒ポイント

初心者に寄ってくる危険な害虫はヤリモクだけではない。

ここで注意事項として付記しておく。

入会したてでまだシステムがよくわからない時、多くの人が遭遇するのが、投資目的の勧誘や、ロマンス詐欺を仕掛けてくる外国人美女・イケメン写真の詐欺師だ。

投資勧誘は大抵日本語が変で、「あなたのことをもっと知りたいです。自分は5年前から日本に移った。日本語はまだ下手です。でも気にしないで」などとフォローが入っていることが多い。

そして男性なら職種は経営者や一流企業、年収は「1500万から3000万」。学歴はハーバードとかベルリン自由大学とか取りあえずエリートを騙《かた》っとけ、という嘘くささが渦巻いている。女性は中国系の美女が多い。

ロマンス詐欺の場合は、最初はラブラブな恋愛モードだが、途中から「結婚するために日本に行きたいが飛行機代に困っているので200万円振り込んで」というような金の要求にシフトチェンジする。さらに最近は美人局《つつもたせ》とグルになったぼったくりバーへの誘導や宗教への勧誘など、リスクも増加しているので、くれぐれも騙されないようにしてほしい。

7 限りなく嘘に近いフェイクプロフィールに御用心

入会してからのいろんな人との突風のような出会いと別れに疲労感を覚えていた頃、「菩薩《ぼさつ》」というニックネームと紹介文に惹かれて「いいね!」をした。プロフィールにはこんな疲れた心をくすぐる言葉が書き連ねられていた。

「癒し上手です。見た目も中身も菩薩です。迷いや悩みを全部私の心に置いていってください」「あなたの話をカウンセラーのように聞いて癒してあげましょう」「穏やかで決して怒らず、みんなにご利益があるとお賽銭を投げられます」「あなたをすっぽり包み込む包容力、ヒーリング力には自信があります」

菩薩さんのややぽっちゃりな体型も丸顔で温厚そうなルックスも、癒されたい気分がピークだった私には理想的に思えた。「俺が世界の中心」な人々に疲れていたので、菩薩さんの懐に飛び込んで話を聞いてみたくなった。こんな人ならきっと破局を何もかも別れた元妻のせいにしたり、家事も子育ても向いてないから丸投げしたいなんて言わない……はずだ。

ところがいざマッチングしてLINEでビデオトークしてみると。

「別れた妻の悪口は言いたくはないが」と言いながら出るわ出るわ……。

菩薩さんが妻と別れた理由は10年前、年に何回も長期出張が続き、会話がほとんどなくなって関係が冷えてしまったことだという。

「妻は結婚当初、専業主婦になりたいと仕事を辞めたのに、子供が中学になると今度は家事だけの人生は嫌だと言い出して」

そのうち家庭内別居状態となり、早期退職と同時に離婚届を突きつけられたというシリアスな熟年離婚だ。しかも離婚後半年も経たずに妻は年下と再婚。今では娘とも年一度しか会わせてもらえない。

菩薩さんは「家裁の調停で財産の半分は元妻の手に渡り、持ち家も持っていかれたので、狭いマンションに引っ越さなければならなかった。新しい会社に再就職するまで、本当に大変だった」と恨めしそう。しかも元妻が離婚前から不倫をしていて、早期退職金の分与を計画していたと恨みつらみが止まらない。

結局、2時間のトークの3分の2がその話でぐったり疲れてしまった。癒されるどころじゃない。これでは菩薩サマどころか恨みがたまった怨霊だ。

なのになぜ、菩薩なんていう誤解を与えるニックネームにしたのか？

「再就職した会社で人材育成トレーニングを担当していて、そこで相手の話をすべて受け止めるのがどんなに大切かという訓練をしているんですよ。このメソッドを教えている時は、本当に菩薩様になれるんですよね」

あまりのギャップにのけぞりそうになった。

それはあくまで職能であって、本当の資質ではない。つまり中身は離婚前の彼と少しも変わっていないのだ。企業のトレーナーとしてどんなに人徳があっても、家ではどろどろの怨念から抜けられない怨霊なんて絶対、ごめん被りたい。

マッチングアプリのプロフィールは、好印象を与えるために弱点を都合よく粉飾されがちだ。例えばこんなプロフィールは、裏のマイナスポイントを隠しているかもしれないので要注意。

「周りに裏表がないと言われる」　KYで気を使えない
「決断力がある」　俺サマで協調性がない。相手の意見が聞けない
「経営者」　月商10万に充たないネット通販ショップなどの経営
「年より10歳は若いと言われる」　リップサービスを真に受けている
「すぐに仲良くなる」　付き合っていなくてもすぐやろうと誘う
「家事はできれば一緒にしたい」　と言ってもあくまで口だけ
「デート代は自分が多めに払う」　最初だけは
「実家暮らし」　生まれてから実家を出たことがない。母親が上げ膳据え膳

ざっとこんな感じだ。嘘とまでは言えないが、現実とはかなりの落差がある。もちろん女性もメイクや写真加工など自己申告と内実のギャップはいろいろあるだろうが、特に人間的な本質に関わることをすぐバレる嘘で美化するのは逆効果でしかない。
だからアプリでマッチングをしたら、まずプロフィールのどこが嘘でどこが本当か見定

めなくてはならない。アプリ内メッセージのやりとりではほぼわからないので、一通り自己紹介をしたらLINEに移り、電話やビデオトークしてみることを強くお勧めする。百回メッセージ交換してもわからない生理的、感覚的な相性、そして相手の嘘やごまかしが一瞬にしてわかるからだ。特に直感力の優れた女性なら、相手のキレやすさ、俺サマな傲慢さ、自己中などネガティヴな部分は察しがつく。声や映像の情報量は、テキストの比ではない。

会ったことのない相手とのメッセージ交換、LINEトークは7割が想像とまったく違う現実を隠していると思ったほうがいい。みんな自分を少しでもよく見せることに必死なのだ。あなたが今、アプリのプロフィールに書いている「ちょっとした嘘」のように。

8 踊る佐川男子は隠れソロ専だった

離婚してから彼女いない歴10年の佐川男子、サトシさん(42歳)とマッチングした時、取材のモチベがぐっと上がってしまった。いつもお世話になっている配達員さんたちのイメージを総合分析した結果、佐川男子はピュアで優しくて浮気などしない真っ直ぐな人ばかりだと勝手に先入観を持っていたのだ（単なる思い込み）。

しかしリアルに知り合って見ると、サトシさんほど謎めいた生態の男性は見たことがなく驚きの連続で、佐川男子の幅の広さに衝撃を受けることになった。

アイコン写真は黒縁メガネの誠実そうな雰囲気だし、ＬＩＮＥトークの段階では割と陽気で楽しい人に見えたのだが、「自分は変人だから」と繰り返すのが少し気になっていた。本当の変人は自称などしないから、大した変人度ではないだろうとたかを括っていたのだが……。

最初に新宿で会った時、サトシさんは休日のたびに1人で渋谷のクラブで深夜まで踊りまくり、誰とも会話せずに始発で帰る生活を続けていると話した。

「仕事のストレスを晴らす解消法はそれしかない。しかも自分が大学2年の頃流行ってたレゲエ音楽にしか興味がなくて。コアすぎて誰も理解してくれないから職場の同僚にも言わない」

1人でレゲエを踊りまくる佐川男子。イメージとはだいぶかけ離れている。しかしきっと誘う相手がいない、というアピールなのだろうと勝手に解釈し、じゃあ今度誘って、と軽い気持ちで言ってみたが、いつになってもお誘いはない。なのに休みの日は「昨日は思い切り踊ってきた」という、晴れやかなご報告が来る。

これって女性の「ごめん。昨日はエステで爆睡しちゃった」みたいなものなのか？

「レゲエに理解のある女の子は少ないし、無理に誘っても楽しくない。それに1人で誰にも気を使わず踊るのが最大のリフレッシュ法だから」

じゃあマッチングした意味って？となる。1人遊びが一番楽しいなら無理してマッチングせずに1人でいればいい。

しかし、実はサトシさんは一人暮らしに不安を抱いていたのだ。彼は腎臓の調子が悪くて会社の健康診断で再検査を求められたという。もし検査の結果、腎臓病が発覚してしまったら、これから治療に通院しなければならないし、悪化したら人工透析が必要になるかもしれない。

「一人暮らしで自分が倒れたら……そう考えると不安でたまらなくなって、やはり誰かパートナーにいてほしいと思った。年齢的にもこれから体が弱ってきて体調管理が必要になるし、食事や栄養面も助けてもらえればと……」

やっとわかった。つまり、ナース兼管理栄養士を募集したいということだ。だから自分の余暇時間には踏み込んできてほしくないし、一緒に楽しもうという気持ちもない。

でもナースも管理栄養士も対価が必要ですよね？

結婚して、ナース兼管理栄養士になってください。病気で倒れたら、もしくは老齢で寝たきりになったら介護してください。余暇時間は自分の好きなようにさせてください。一緒には楽しめません。対価は払いません。

これはパートナーシップではなく単なるブラック企業の搾取だ。雇用関係を結ぶとしても、年俸500万円以上もらわないとワリが合わない。

でもサトシさんはその過ちに気づいていない。

「もう1人に慣れすぎてて、この生活サイクルを壊すのはきつい。だからいつも相手が呆《あき》れてダメになって、またマッチングして、の繰り返し」

結果、私もサトシさんとはどんどん疎遠になり、「付き合ってる意味がわからない」と3ヶ月で破局した。

1人が長いと、「彼女・彼氏がいる協調性モード」に自分を変えるのがしんどくなる。本当は見たくない映画も誘われれば「面白そう」と笑顔で付き合い、家でジャージ姿でゴロゴロしていたい休日も、デートがあれば身なりに気を配って女性ウケする店を探さなければならない。最初はテンションが上がっているから気にならないが、やがてそれがいちいち負担になってくる。

女だって同じだ。女子力を維持しつつ、オタ活や推し活をしつつアプリの婚活デートも積極的にするのはかなりしんどい。自分の世界が確立してしまっている人ほど、他人との擦り合わせという余計な作業を入れることにフラストレーションが溜まる。

さらに所得が増えず円安、物価上昇で生活は圧迫され、自分なりに納得できる生活を維持するためには、結婚、子育てに金を回す余裕がない人々が増えていることも確かだ。

だが、婚活もしない、アプリもしないでアラフォー超えなんて、孤独死へ一直線の自分が垣間見《かいまみ》えてそれも不安でたまらない。

1人は嫌だけど、自我や必要経費、自由な時間がぶつかり合うパートナー関係はしんどいという、大きなジレンマから抜け出すことができないのだ。

多くの人が突き当たるこのジレンマの答えを出すことから逃げているのが、マッチング・アプリ症候群のソロ専たちだ。とりあえずマッチング・アプリに登録して、ソロ専でない証明を手に入れようとマッチング活動はするが、相手と価値観を擦り合わせて納得できる生活スタイルを見つけようという意欲はほとんどない。

今の自分のルーティンを丸ごと許容してほしい。2人の妥協点を見つけるために一つでも生活から削ったり変えたりするのは絶対イヤ、というかなりワガママな婚活である。

マッチング・アプリにはこういうタイプが実は意外なほど多い。特に40歳を超えて恋人やパートナーがいない期間が長くなると、自然に自分のルーティンへの執着や依存が強くなり、変えることに強い不安や恐怖を感じるようになる。そのルーティンが自我の根幹をなすという感覚が強烈だからだ。

本気で婚活している人たちには、よほどの忍耐力や情熱がないと彼らは「ハズレ」である。結婚したいのに、彼女・彼氏が欲しいのに、自分の世界に浸る時間と両天秤にかけると、結局、1人でいることを選んでしまう。女性なら腐女子をはじめとして美容オタク、服オタク、アイドルの推し活、犬や猫などペットへの溺愛……いくらでもソロ専になる要素はある。

男女ともに言えることだが、結婚もせず同棲もせず彼女も作らずソロ歴が10年を超えると、生活が自己完結しすぎて、他者が入り込む余地がなくなるリスクが大きくなる。

これは「犬を飼うと結婚が遠のく」というのとよく似ている。犬や猫の愛情はとても緊密なので、そこでの愛情関係で充足してしまい、人間との関係に努力するモチベが薄れてしまう。さらに犬なら毎日の散歩、クリニックの検診、トリミング、猫なら遊びの相手や病気の予防と日々のイベントもたくさんあるため、気がつくと犬や猫のために時間のほとんどを使い、ペットが実質的なパートナーになっているというケースも少なくない。

もちろんそれで幸せなら何も問題はない。世の中には犬や猫を唯一の家族として可愛がっている人々はたくさんおり、彼らを遺産継承者とする人だっている。

ただ問題は彼ら自身が（おそらく社会的な見られ方や老後の問題などで）ソロ専をよしと

せず、アプリでの婚活で生涯1人のジレンマを解消しようとしていることだ。

「1人は淋しい」「彼女・彼氏的な存在が欲しい」「相手が良ければ結婚も考えたい」と言いながら、実は誰と付き合ってもプライオリティは変わらない。相手のために自分の時間を削ったり考え直したりする気なんてさらさらない。

とりあえず自分の孤独を埋めてくれて、趣味や生活サイクルはそのまま受け入れてくれて、ついでにセックスも家事もしてくれる都合の良すぎる相手が欲しいのだ。

かといってセフレ募集とかヤリモク、というところまで振り切れていないため、一応は「将来を見据えた関係を」とか「ずっと一緒のパートナーが欲しい」とプレゼンするのだが……自分にぴったりの相手が「いいね！」してくれて「そのままのあなたが好き。付き合いませんか？」と誘ってくれる棚からボタモチ展開を待ちながら、もう3年、4年もアプリの海を彷徨《さまよ》っているソロたちのなんて多いことか。

犬や猫は人間のように自己主張でぶつかり合うこともないから、自分の生活を変えなくてもいい。だからマッチング・アプリ症候群には理想的なプラスワンなのだ。

ラグドール猫のエルメスを飼っているグラフィック・デザイナーのアッシさん（47歳）は、コロナで仕事がリモートに切り替わってから「猫と2人引きこもり」状態だ。もともとと社交的なほうではなかったが、猫を飼ったこととコロナで拍車がかかり、今は「どこへ出かけても、1分でも早くエルメスのいる家に戻りたい」と思ってしまう。

アツシさんの生活は完全にエルメス中心。

夜は一緒に寝て、仕事の前に遊び、仕事中もちょっかいを出してくれれば遊び、夜も食事後にモフったり遊んだり……以前は仕事に野心もあったが、今はそんな生活を支える手段としか考えていない。

だからマッチングをした彼のメッセージは愛猫へのラブラブっぷりや、猫のいる生活の癒しを絶賛するものばかり。私も猫好きで当時、猫を飼おうかと迷っていたのだが、ペットショップをネットでリサーチして理想の子を探してくれたり、自ら見に行って交渉してくれたり、とにかく猫活に巻き込もうとする情熱が半端ない。

最初はそれが好ましく思えていたが、少しずつエルメスへの凄まじい溺愛っぷりについていけなくなってきた。

「どこへ出かけてもエルメスが寂しがるから夜8時までには絶対帰宅する」「君も早く猫を飼ってほしい。エルメスの友達になるから」ぐらいまではまだ微笑《ほほえ》ましかったが、やがて「この子より先には絶対に死ねない」「あと6年しか一緒にいられない。この子が死んだら完全に引きこもりになる」と悲壮感漂う言葉を連発し出したのだ。

そして私にも自分好みの猫を飼えと指示が入る。

「長毛種の血統書つきにして。ラグドールかサイベリアンかノルウェージャン・フォレストキャットがいい。大きさ的にもエルメスと遊べるし」

雑種の保護猫を飼いたい、と言うと、雑種は好きじゃないと冷たい返事。これにはさすがにムカついた。アツシさんの萌えのために猫を飼うわけではないのに。

そしてトドメは「エルメスが一番だから、生きてるうちは旅行に行かない。外泊も外食もしない。もう年寄り猫だから1人で部屋で留守番はかわいそうで」。

はいはい。一生、猫と引きこもっててくださいね。そこまではとても付き合えません。

実はこうしたモフ専男が、今、密かに急増している。

ペットというより猫が恋人で愛人で妻で娘なので、それ以外の存在はみんな「圏外」なのである。彼女との食事や同僚との飲み会でも猫メシの時刻が来ると、「すみません。お先に失礼します」。それが夜6時とか7時という中学生並みの門限なので、誰もが「猫は言い訳で、本当は相手が嫌いなんじゃないか」と思いがち。が、これが本当に真剣に猫のための日課なのである。

どれもマッチング相手が「あたしって猫以下なの？」と揉める事案だが、ペットの枠を超え、家族の一員として犬猫をとことん可愛がったことがあれば、理解できる範囲かもしれない。

しかし、こうした男性の心の奥底には、もう女性との関係に傷つきたくないから、あえて猫沼に溺《おぼ》れている人もいるので要注意だ。

アツシさんがエルメスを飼ったのは、ちょうど2度目の離婚で妻が出ていった年だ。

1度目に続いて2度目も妻の浮気が原因だったが、息子がまだ小学生で教育費がかかるためアツシさんが引き取った。表面的にはクールに振る舞っていたが、2度目の破局にはかなり傷つき、「自分は結婚に向いていないのかも」と考えたという。

自らの癒しと精神的なセーフティーネットとしてエルメスを飼い、息子と猫の3人で住み始めた。やがて「女性に裏切られず猫にひたすら愛される」生活の心地よさに浸り切ってしまい、抜け出せなくなる。また離婚すると息子を傷つけてしまうから、面倒な女性関係は避けたい、でもやはり彼女なしの生活は淋しい。そこで矛盾した願望を両立するために「猫ファースト」というスタンスを打ち出したのだ。

アプリでは猫好きを前面に出し、マッチング相手も一緒に猫こもりしようとひたすら勧誘する。大切なのは君じゃなくて猫だというプレゼンだから、拒否られて傷つくこともない。つまりモフ専は女性にはもう依存しないぞ、というプロテクターなのだ。

その後、何回か一緒に猫を選びに行こうとお誘いがあったが、猫をダシに使うのは心苦しいので、丁寧にご辞退させていただいた。

人間の女性はプライドやアイデンティティ、関係性のバランスにこだわる。何があってもゴロゴロ優しく迎えてくれる猫ほど懐が広くはない。雑に扱われれば雑に扱い返すし、裏切られれば裏切り返す。暖かい毛皮と無心に寄り添いたいアツシさんが、本当にマッチングしているのはエルメスだけなのである。

第二章　婚活沼という精神安定剤

1　アプリはなぜ危ういアラサーの逃避先なのか

大手アプリに登録して半年の29歳フリーター、ミクさんは、マッチングした14人とビデオトークをしたが、結局、誰とも会っていない。モデル会社に登録するすらりとした美形な容姿ながら、人間関係に気を使いすぎてネガティヴな気分になりがちだという。

「リアルな出会いでは次に進むかどうかで、どっちかが傷つくからそれが嫌だ」という。「周りの人間関係も気まずくなるし。その点、アプリは大学のサークルのような緩い繋がりなのでフェイドアウトしてもされても気が楽なのがいい」

他人にネガティヴな評価をされているかもしれない状況が耐えられない。実際に言われたわけでなくても「言われそう」と思っただけでバイト先を辞めたり、部屋を引っ越したりしてきた。恋愛でも自分を不安定にする要素はできるだけ減らしたいという。

「私、実は片付けられない症候群で、部屋が座る場所もないぐらい汚い。ゴミ出しも3週間ぐらい溜めちゃったりとかが普通になっていて……」

年齢的にも結婚を意識しなければとアプリに登録したものの……。ルックスだけ見て可愛い、綺麗とチヤホヤする男性がこの部屋を見た瞬間、どこまでドン引きするか想像すると怖くてマッチングした相手とのデートを避けてしまう。

「付き合えば当然、部屋に来るし……。片付けるのも汚い部屋を見られるのも、どっちも大きなストレスになる。相手と会わないのでマッチングしても意味ないが、『いいね！』が来ると少し自分を肯定できた気がして。自分はまだ大丈夫と思える。精神安定剤です」

学生の頃、一度だけ彼の部屋で同棲したことがある。

彼はミクさんとは正反対の綺麗好きな性格で、なんでも定位置に置かないと気が済まず、ミクさんが散らかした部屋をどんどん片付けていき、きちんとしないと叱《しか》られた。ミクさんの弱点は他にもたくさんある。朝が極端に弱い。食事の後片付けはきれいな食器がなくなったら。連絡が遅い……きちんとしたい彼にはイラだつことが多く、何かと説教タイムになった。それもミクさんにとってはプレッシャーで、ストレスから胃痛になることもあった。

結局は口喧嘩が絶えなくなり、半年で破局。

「今、派遣で歯科クリニックや病院の受付をしていて、その時だけメイクしてきちんとしていればあとは部屋でジャージを着て、好きなだけゴロゴロしていられる。彼が欲しいけど、この誰にも気を使わなくてもいい快適さをなくすのが辛すぎる」

じゃあ一緒にジャージ姿で、汚い部屋でも楽しく過ごせる彼氏を探せばいいのに！……というのは素人考え。やはり彼の前ではきちんとした自分を見せなくちゃというプレッシャーが働いて、素のままではいられない。こうしてマッチングはするものの会うことはない、理不尽なマッチング・アプリ症候群が延々と続くのだ。

ミクさんのように自分へのネガティヴな評価に敏感な人にとって、マッチング・アプリというのはかなり都合のいいツールだ。

そもそもアプリの仕組みでは相手が負の感情を持ったらマッチングしないし、メッセージも送られてこない。みんな自分のプロフィールや写真を見た上で繋がりを求めているから、安心して次のステップに行ける。

仮に気持ちがマイナスになっても、黙ってフェイドアウトすればいいだけだ。

アプリからのリアルデートで関係に問題があって離れることになっても、そこに言い争いや修羅場など、強烈な負の感情は発生しないだろう。せいぜい「ああ、ダメだったか」「他の誰かに競り負けたか」という徒労感があるだけだ。

これは複数進行がいくらでも可能なアプリで、自分が選ばれるのは単純に確率や相性、タイミングの問題だと誰もが納得しているから。だからマッチング相手との言い争いやドロドロした泥沼感情はほとんど生まれず、ただ「ダメなら次へ行けばいい」という流れる水のように淡々とした感覚でいられる。

ミクさんのように自分の素の姿への評価が過剰に気になる人でも、必要以上に距離を縮めることなく、お互いのドロドロした感情に悩まされることもない。

つまり若い世代にとってアプリはドラマチックな出会いの可能性や、韓流ドラマのようなロマンチックな恋への期待値も高くない代わりに、精神的ストレスや相手に傷つけられるリスクも少ない現実的な出会いの場なのだ。

アプリでの出会い方はコンビニでの買い物の便利さとよく似ている。

そんなに高価なものや特別なものはないが、自分の求める程度のクオリティは手に入る。自己紹介やメッセージのフォーマットがある分、気楽に参入できるし、嫌になればいつでも出ていくことができる。

その心地よさが、逆にそこから出られない中毒性を生み出しているとも言える。

ネガティヴな感情を恐れる若い世代には、「修羅場が発生しにくい」「負の感情が直接、伝わりにくい」という特性は、何より大きなメリットなのだ。

修羅場がない恋愛なんて恋愛じゃない、と思う人にはアプリ婚活は向かない。

2　相手が既婚者でも「運命の人」？

マッチング・アプリの深海に棲息するクズの中でも最下層のクズ男は、既婚者だということを隠して登録し、口を大きく開けて待機しているサメのような詐欺男だ。しかし、アプリで理想の男に巡り合えると確信しているマッチング・アプリ症候群の女性にとっては、既婚者さえしばしば「彼の結婚は間違いで、私こそが運命の相手」という宗教的な情熱の対象となる。

その最大の理由は2人の出会いがクローズドなアプリ世界で、周囲には不倫に眉をひそめる職場のお局《つぼね》たちや、飛び交う同僚たちのバッシング、心配する友人や親兄弟の過干渉が入る確率が非常に少ないからだ。そう、アプリには「世間」というしち面倒臭いものは存在しない。

だから相手が単なる欲望のために妻子と彼女を往復できる鬼畜男でも、ロマンティックな熱愛と信じ込んでしまえばとことん暴走できるかもしれない。すべてを知った彼の妻が訴えてこない限りは。

私も2、3回、アプリで既婚者の独身詐欺に騙されそうになった。ただそういう鬼畜男の誘い方にはあるパターンがあって、2度目、3度目になるとマッチングして1週間もすると「あっ、こいつ怪しい」とカンが働くようになる。まあそんなクズの見分け方なぞ一生、無縁でいたいものだが……。

その記念すべき(?)初回の既婚男は、ネットの旅行代理店を経営している45歳のタクだ。私は大学卒業後、2年だけ旅行代理店で働いていたことがあり、ヨーロッパや米国に頻繁に行っていて旅事情に詳しいタクとの会話は楽しかった。

例えばコロナ禍でフライト事情が変わった時期、ヨーロッパへの一番安価でサービスがいい乗り継ぎエアラインはどこなのかとか、入国に必要な書類は何なのかとか……。さらにタクは学生時代、社会学を勉強していたのでジェンダーについても割と詳しく、日本の遅れたジェンダーギャップへの批判もよく勉強している感があった。

「医者も学者も起業家も、本当に優秀な女性はみんな日本に嫌気がさして海外に流出してる。しかも向こうで結婚して戻ってこない。彼女たちの意見を取り入れていかないと、日本はこれから人材不足でキビしくなるよね」

そんなフェミニスト的な会話ができる男性も珍しかったので時々、LINEで他愛もない会話をしたり、カフェで旅情報を教えてもらったりするようになった。

しかし、一つ引っかかることがあった。それはタクが週末、まったく連絡が取れなくなることだ。「旅行代理店は週末がかき入れ時だから休めない」というが、夜までずっと連絡が取れないのは納得がいかない。それに、タクの家は「病気の姉と同居しているから家から連絡ができない。人も呼べない」という。ますます怪しい。何か裏事情があるに違いない。

少しずつ疑問が膨れ上がっていって、やがて「1人探偵事務所」を開業することにした（自慢じゃないが私の取材力は、そのへんの探偵事務所よりずっと調査力、追跡力、分析力が優れている。浮気・不倫などでお悩みの方はぜひ当方に相談を依頼してほしい（笑））。

最もスピーディな調査方法は、一定期間当事者のSNSの痕跡をたどるだけ。その期間（5年以上）に相手の周囲が本人に対してどんなリアクションをしたかを分析すれば、既婚か独身か彼女持ちか否かの判断は充分につく。もしSNSをやっていないのなら、本人に代わってエゴサーチをしてみればいい。

このへんは企業秘密なので、詳しくバラすわけにはいかないが……。

そんな調査プロの私でさえマッチング・アプリで知り合った相手が既婚か未婚か、鬼畜なのかヤリモクなのか判定するのは難しい。なぜならアプリ登録は基本、自由意志に任されていて、本当の職業や肩書きをプロフィールに記入する必要がないからだ。もちろん大手のアプリはどこも「本人確認」という認証マークがあるが、これも自己申請だ。その気になれば写真だって年収だっていくらでもごまかせる。

現にアプリにはびこっている投資勧誘の外国人のサクラたちは、適当に「ハーバード卒大手シンクタンク勤務　年収2000万円」という嘘をでっち上げても、誰かに通報されて強制退会となるまではまったくバレずに活動を続けられる。

アプリでのニックネームや流通しているプロフィールは一種のアバターのようなもので、現実のその人とはいろんな意味で少しずつかけ離れていると思ったほうがいい。

例えば……アプリでは「大手ゼネコン勤務」と書いてあるだけ。営業なのか企画か設計か広告か……何もわからない。もしかしたら経理かもしれないし、嘱託契約している事務員かもしれない。渋谷支店、営業3部の課長で、渋谷区の三丁目から六丁目を担当しているというような具体的な肩書が出てこないと、彼の日常にまつわる情報はひっぱり出せない。ある意味、セックスだけが目的で獲物を狙う既婚者やヤリモクにとって、アプリほど安全で都合のいい狩場はないということだ。

……というわけで、過去のポストから見事に既婚が発覚したタクは、彼のフェミニスト論とは真逆の、女性を搾取する鬼畜だったわけだが、どうやってこの怒りを伝えるべきかしばし悩んだあげく、LINEではなくて電話をすることにした。

1週間、間を空けて平日の夜11時、何気なく電話すると、タクはいつものように「おおっ、元気？」と電話に出る。

「ちょっと聞きたいことがあって」

「何？」

「タクくんって結婚してる？」

沈黙。空気が凍りついたのがわかる。

「どうして嘘ついたの？　アプリでは規則違反だし法律でも結婚詐欺として逮捕される案件だけど」

沈黙。

「休みの日会わなかったのは仕事じゃなくて、奥さんや子供と過ごしてたから？」

沈黙。

「許せないからアプリのサポートに通告しとく。それじゃ」

ガチャ切り。

タクがまた詐欺行為を働かないようにアプリ側に通報して、彼を強制退会させようと思っていたのだが、電話をしたら怒りも消えてしまった。彼は独身を騙ったことを悪いとさえ思っていないだろう。タクのように、アプリを出会い系サイトと同じくセフレ探しに使っている男性は少なくない。その中には既婚者も相当数いる。彼らは毎日、遊び相手を探すためにマッチングし、どんどん乗り換えていくのだ。

真剣な婚活者とこうしたセフレ探しがマッチングしてしまうと、ダメージを負うのはやはり女性婚活者側だ。少しでもリスクを避けるには、会うまでの期間にメッセージで相手のバックボーンについてしっかり聞き、いい加減な答えしか帰ってこなければバッサリ切らなければならない。

今回はたまたま私がタクの嘘を見抜いたが、今まで一体どれぐらいの女性を騙してきたのか?

SNSで見た彼のややぽっちゃりめの妻は人が良さそうで母性的な感じだ。まさか自分の夫がアプリで独身を騙って欲望の吐口を漁《あさ》っているとは夢にも思わなかっただろう。

しかし3日後、他の人とマッチングしてメッセージを交わし始めたら、怒りは不思議なほど跡形もなく消えてしまった。アプリが修羅場になりにくいのは、この凄まじい流動性のおかげでもある。朝、マッチングして昼にはLINEトークし、翌日にリアルデート。または夜にマッチングしてその後、LINEのビデオ通話をし「ごめんなさい」。毎日、複数の出会いがあると一つの出会いの濃度が薄くなり執着が生じにくくなる。これは一つの失敗にそれほどこだわらなくなるという大きなメリットでもある。

その軽さを「気楽でいい」「致命傷になるほど傷つかなくて済むからラッキー」と受け止めるか、「そんなの恋愛じゃない」「ゲームみたいで物足りない」と思うかで、アプリへのハマり方が決まる。

いくら修羅場率が低いとはいえやはり既婚者はアプリにはイリーガルな存在で、ヤリモク同様、最も出会いたくない存在であることには変わりはない……と思っていたら、マッチング・アプリ症候群の中にはその前提すら覆す恋愛強者がいた。

ネイルサロンで働く女性に「マッチング・アプリで知り合った既婚男性と、5年越しの不倫関係を続けているネイリストの友人がいる」と聞き、早速、取材を申し込んだ。

新宿のネイル店でネイリストをやっているカホさん（32歳）だ。

南新宿のカフェで会ったカホさんはオフホワイトのニットワンピースにショートボブの木村多江似の和風美人で、メイクもほとんどしていない。育ちが良さそうな温厚な雰囲気で、既婚男性と不倫するような突っ走り系タイプにはとても見えなかった。

シングルマザーの母に育てられ、妹と2人とも女子校育ち。身近に男性がいなかったという。「だからちょっとファザコン的なところがあるかもしれません。10歳以上年齢が上の人が好きなんですけど、仕事柄、出会うチャンスがなくて。友人の勧めで40代以上が多いアプリに登録して、2人目にマッチングしたのが今の彼です」

彼のプロフィールには独身（未婚）と記されていたが、翌週、飲んだ勢いでカホさんの部屋でお泊まりデートしてから何か少し変だと感じ始めた。

夜10時以降は電話に出ない。しかも職場か外からのみで自宅からはかかってこない。「彼に理由を聞くと住んでいるのは会社の寮で、壁が薄いから夜は消音にしたり機内モードにしていると……。でも夜はLINEをしても返事が遅くて翌朝になることもある。きっと何か他の理由があるだろうと思っていた」

さらに週末は休日出勤とのことでほとんど会えない。平日の夜だけ時々、部屋に泊まる。カホさんが彼の家に行きたいと言うと、社員寮だから女性の宿泊は禁止という。

納得できずに同僚に相談すると「絶対、妻子持ちだよ」と容赦なく言われた。最初は信じなかったが、入浴中にスマホを盗み見して、彼に妻子がいることを確信したという。

ショックを受けて「なぜ、騙していたのか」と追及したが、「3ヶ月待ってほしい、今、離婚届を書いてもらうために説得をしている、5年前から関係は冷え切っていた、と言われた。子供の親権をどっちがとるかで揉めている、と。好きだったしどうしても別れたくなかったので、その言葉を信じることにした」。

ネイリスト仲間で「バブ美」と呼ばれるほど恋愛経験の少ない彼女は、彼に言われるままに離婚を待った。しかし、離婚話は一向に進まない。それどころか彼がまだアプリを退会していないのも気になる。常時、80人近くに「いいね！」をつけられているし、その気になればいくらでも相手は見つかりそうだ。

疑惑を持ちながら結局、ずるずると5年付き合って今はカホさんのワンルームで半同棲状態だ。妻子のことはもう聞くことすらタブーになっているという。

「それを聞いたら関係が終わってしまうから、怖くて聞けない。もしこのまま関係が続いたら、あっという間に40代。一番いい時期を捨ててしまうという恐怖はあるけど、彼が大好きだし依存しているから別れるのは無理」

妻にさえ秘密にしておければ不倫関係も誰にも咎《とが》められないし、不都合もない。アプリというクローズドの空間だからこそ、共犯者の関係に慣れてしまうと逆に居心地良ささえ感じるという。

「最悪の場合は、また新しい人を見つければいいと思って……」

こうしてカホさんは「アプリならまだ次がある」というセーフティーネットの救済を信じながら、既婚者との恋という危ない橋を歩き続けている。

3 誰とマッチングしても虚無？ マッチング不感症はなぜ起こるのか？

マッチング・アプリに登録してから半年が過ぎた頃、ある異変に気づいた。

「……さんから『いいね！』が届きました。ミケさんにぴったりのお相手かもしれません」というアプリからの通知が来ても、まったくワクワク感がない。誰とマッチングしても一応、「初めまして、ミケです。よろしくお願いします」と返信はするものの、期待値が恐ろしく低くなってしまったのだ。

だからメッセージのテンションも上がらず、自然、頻度も間遠になる。相手からメッセージが来ても丸一日放置は当たり前になって、メッセージの中身も適当な世間話だけ。要するに相手に興味が持てないのだ。もしかして運命の人かもとか、今まで出会えていなかった最適解の相手かも、という期待が消えて、残ったのは「きっと今までと同じようにこの人も1週間後には『ごめんなさい。いい人を見つけてくださいね』になるのではないか」という虚脱感だ。これはマッチング・アプリ界を底の底まで極めなければならない取材者として非常にまずい。

と思っていたら、アプリ取材で知り合った男性婚活者たちが同じ思いを抱えていたのを思い出した。

「メッセージ交換もLINEも盛り上がらなすぎて苦痛」「間隔が空きすぎて、会話にならない」「だらだらと永遠に自己紹介をやっている感じが耐えられない」「親しくなれる気がしない」……。

そうか。彼らの言っていたのは一定の人数とのマッチングを経て、今の私のように「マッチング不感症」になっている心理のことなのか。

この状態はマッチング後の発展が大体、読めるようになってしまったことからくる虚脱感なのだ。はっきり言って相性が抜群の奇跡的な相手と出会えた人以外は、ほとんどが40点の満足度だと思っていたほうがいい。なぜならアプリに載っているプロフィールは「自分をよく見せる」ために底上げされたもので、その水増し率は大抵25パーセントぐらいだからだ。

女性の顔写真はメイクで25点アップする。小売の自営業者は「経営者」という肩書で25パーセントアップする。年収350万円が「500万から800万円」のランクになり、「優柔不断で決断力がない」は「みんなに優しすぎると言われます」に。「空気が読めず相手を怒らせてしまう」は「真っ直ぐで裏表がなく、嘘がつけない性格」になる。

あなたは65点だと思って相手とマッチングするが、現実は40点。

つまり1、2度会ってお茶をする程度ならいいが、付き合うには微妙なのだ。

この40点感覚というのが何人か続くとマッチング不感症になる。

65点なら「いいところを見つけてあげよう」という気持ちが生じるが、40点だとルックスがまったく好みの圏外だったり、会話が続かず苦痛だったり、マイナス要因のほうが目立ってくる。あざとい猛禽《もうきん》系の女性ユーザーなら、そういう相手に高級ホテルで5万円もするリッチな夕食のコースを奢《おご》らせたりするのだが、私にはそんなデートを楽しむ余裕はない。

このスランプを乗り越えたい。

またあのマッチングへのワクワクする期待に満ちた日々に戻りたい！

そう思っていた時に、やはり30代以上の婚活アプリサイトでマッチング症候群の生活を送っていたアッキさんと話す機会があった。彼が自分とまったく同じマッチング不感症に陥り5ヶ月で退会してしまったことを知り、詳しく話を聞いてみることにする。

アッキさんは汐留《しおどめ》にある広告代理店で働く51歳のバツイチだ。22歳の一人娘は家を出て社会人の彼と同棲している。

学歴も肩書も年収も揃っているアッキさんは、「いいね！」も30近くついた。登録して

3ヶ月の間に16人の女性とマッチングしてそのうち12人と実際に会ったという。

1人目は飼い猫の写真をアイコンにしている、埼玉に住んでいる46歳の介護士。バツイチで小学5年の娘がいる。ショートカットに金色のメッシュを入れたやや尖った雰囲気で、アッキさんとは推しのミュージシャンが一緒だったため、メッセージの話題も弾んだ。

「おしゃれなイタリアンに誘ったら、自分は日本酒が好きだから居酒屋がいいと言われて吉祥寺の居酒屋で飲んだ。彼女は年齢を考えてアパレルから介護士に転職したが、尖った雰囲気はファッション界にいた時の名残りかも。そのあとロックのライブハウスへ行き、最前列で盛り上がって騒ぎながら酒を飲んだ」

彼女はかなり酒が強くて話も面白く楽しかった。

しかし、空気が変わったのは、最後に彼女が「本名はケイコです」と伝えてきて、「今度いつ会う?」と聞かれた時だ。いろんな女性に会ってみたいと考えていたアッキさんは一瞬、口ごもり、率直に「まだ1人目だし、何人か会ってみないと決められない」と答えた。その途端、満面の笑みだった彼女の頬が強張《こわば》った。

「えっ、私たち、付き合うんじゃないの?」

押し黙ってしまった彼女に越えられない壁を感じ、アッキさんは自分が地雷を踏んでしまったのだと気づいた。

翌晩、LINEしてみると「埼玉から休みを潰してわざわざ出ていったのに、次から次へと取り替えがきく存在だと思ってるのはひどい」というメッセージを最後に連絡不通に。「後で考えてみると本名を教えてくれたのが、付き合いましょうというシグナルだったんだと思う。でも1人目だしそんなルールなんて知らなかった。いろいろ付き合ってみたいというのも本音だし」

そういえば私もマッチング相手に「アプリのニックネームが好きだからこの名前で呼んでほしい」と言ったら、「そんな信用できない奴とは付き合えない」とキレられて、それっきりになったことがある。本名を教えるというのは、暗黙のうちに相手を交際相手として認めたことになるのだろう。これは必須で知っておいたほうがいいアプリの付き合い方のサインだ。

2人目はやはり音楽繋がりでマッチングした、ホテルで働くバツイチの40代前半。さっしーによく似た可愛い系の女性で、「いいね!」数も100を超えており、転職する前はバーレスクのダンサーをやっていたという。バーレスクというのはショーパブやキャバレーなどでセクシーな衣装のダンサーが、ポールを使ったアクロバティックなダンスや歌を披露するショーのことだ。2010年に公開されたクリスティーナ・アギレラ主演の映画「バーレスク」で日本でも注目され、ダンサー志望の女性も増えた。

「そんな職業だったから、当然、周りの男性たちから注目されてきたんだと思う。でも、ぼくはバーレスクのことを全然知らなくて。ライブハウスに連れて行って彼女そっちのけで常連たちと音楽話で盛り上がっていたから、取り残されて面白くなかったはず。気がついたら彼女がふてくされた顔でもう帰ります……と」

アッキさんはその晩、酔っ払って帰れなくなることを見越して、駅前のビジネスホテルを予約していた。「下心がまったくなかったので」ごく普通の安いビジネスホテルだ。しかし相手にそれを話すと、余計、不機嫌になり駅ではほとんど話もせずに別れてしまったという。翌日、謝りのＬＩＮＥを入れると、「もう結婚する相手が決まりました」という、当てつけがましい返信が。

昨晩はそんな話がまったく出ていなかったので、きっと「あなたとは二度と会いたくない」という意味なのだろうと解釈した。なぜ自分はこうも相手と嚙み合わないのか？

この辺りからアッキさんの「虚脱感」が深くなっていく。

とどめを刺したのが高輪《たかなわ》に住む富裕なお嬢様と3ヶ月だけ付き合った時だ。これまでの反省を踏まえて、デートでイタリアンの食事をした後、とりあえず付き合うことにしたアッキさんは、彼女の要請に応えて調布から毎週末、車で彼女のマンションに通った。

彼女はヨガやピラティスなどを熱心にやっていて、調布のアッキさんの家までくる時間がないのだという。

アッキさんは相手が自分のルーティンを壊したくないからと、彼を都合のいい部下のように扱うことに違和感を覚え始めた。「でも僕自身もやはり自分のルーティンを壊したくない。20代なら簡単に壊せたものが、30代、40代と歳をとるほど強固になって壊すことが怖くなる。アプリでもマッチング相手と恋愛に進めないのは、この気持ちが大きいのかもしれない」

アッキさんの場合は、週5の残業を伴う多忙な広告企画の仕事や、一人娘と過ごす時間、そして好きなライブハウスに通ったり中古レコード店で掘り出し物を探したりするのが、壊せないルーティン。これに仕事上の付き合いやシングルファザーとして参加が必要な小学校の行事などを加えると、デートの時間はかなり限られる。

高輪まで「出勤」することで、娘との対話や音楽の趣味の時間が減ることに、少しずつ苛立ちを感じるようになった。そして3ヶ月目にはアッキさんのほうからフェイドアウトしてしまったという。

「僕も含めて皆、生活に都合のいい持ち駒が欲しいだけ。ルーティンを壊してまで付き合いたいとは思ってないし心を開けない。自分自身にも失望した」

リアルでの出会いなら「心が動かないからなし！」となる相手が、アプリだと「そこそこ条件が揃ってるからいけるかも」になり、魔がさして付き合ってしまう。

その結果が、「好きという気持ちが40点か50点レベルの相手のために、そこまで生活を変えられない」という拒絶反応となる。

この分析はアッキさんだけでなく多くの人たちにも、そして私自身にも当てはまる。

「大恋愛なんか望んでない」「この辺で手を打とう」「一緒にいて苦痛じゃなければ」……。どんどん理想が低くなるに従って虚脱感も深くなる。

そんな時に気づきを与えてくれたのは、アプリで出会い半年の交際を経て結婚したバツイチ同士の夫婦だ。彼らにうまくいったポイントを聞いてみると。

「経済的な条件とか将来性とか計算しないで、とにかく今、一緒にいたいかどうか考えたほうがいい。今日起こったことを報告したい相手か。お互いの趣味に興味を持ったり面白がったりできるか。そういうシンプルなことを決め手にすべきだと思う。それがＯＫなら、大抵は大丈夫ですから。だからアプリのプロフィールで気になるのはコミュニティぐらい」

ちなみにこの2人、男性が会社員で女性がネイリストだが、いまだにお互いの年収ははっきり知らないという。

「家賃も食費も家事も、家族というより同居人という感じでシェアしている。子供ができ

ても この感覚は捨てたくない」

結婚する、家族になる、という人生の変化は重すぎて踏み出せない。相手の社会的な条件に自分の人生が左右されたくなければ、もう少し重しを軽くしてシェアメイトになるというのはいい解決策だ。

離婚歴がある人はすでに子供がいることも多く、再婚では子供を作らないと決めている人が圧倒的に多い。そういう人たちはずっと恋人的な関係で生活を楽しめる相手を探す、と割り切っている。

重度のマッチング・アプリ症候群でも、相性のいいシェア・パートナー、同居人的な相方探しなら、結構な数と出会えそうだし、もしかしたら結婚相手を探すよりずっとうまくいくかもしれない。この方向転換は、「一人は嫌。パートナーは欲しいが嫁・夫スタイルの結婚はもう古いし自分には無理」と感じているすべての婚活者に適用できるはずだ。

4　アプリの出会いは自分から動かないマグロ男子を救うのか？

マッチング・アプリに依存している男性の中に、私がマグロ男子と名付けた一群がいる。

マッチングはしてもその後、メッセージ交換、LINEトーク、テレビ電話、リアルデート……という会うための手順を何一つ、自分で進めようとせず、すべて相手の女性に丸投げする。そして女性主導で決めたことに乗っかってくるだけ……。

どれぐらいの割合なのかはわからないが、5、6人に1人はいる感覚だからかなりの数だ。

私が偶然、間違えて「いいね！」を送ってしまった25歳のダイキくんも、その1人だった。アプリでマッチングしたのは私が初めてだという。アプリでは15歳以上離れている相手は「圏外」としていたのだが、この時は自分の不注意で「いいね！」をしてしまい、しかもすぐマッチングしてメッセージが来たので、話を聞くために会ってみる気になった。

最初はさすがに警戒して「ママ活はお断り」と言っていたのだが、やがて彼が本当に会話を求めていると知って驚いた。「ほとんどが男ばかりの大学院に通っている。自分は内気でルックスもそれほど良くないし、マッチングしたのは怪しい投資の勧誘だけ。自分からは『いいね！』する勇気はないし、年上でも楽しい相手となら話してみたい」

20代とは！と思ったが、何度かメッセージを交換するうちに、ピュアで真面目なダイキくんが親戚の甥っ子のような気がしてきた。渋谷のカフェでランチタイムに会う？と聞くと「行きます！」と即答。

その日、一番奥の席に座っていたダイキくんは時間よりかなり早く来たらしく、コーヒーカップはすでに空に。ひと目で理系の大学院生と察しがつくTシャツにチェックのネルシャツ、デニムの組み合わせも「研究室ファッション」ぽくて似合っている。

「実は一度も彼女がいたことがなくて。大学の専門も女子が少ない情報工学系だしサークルもサッカーだし、女の子との接点がない。だからアプリに登録してみたけど、メッセージも何を話したらいいかわからないから、挨拶と自己紹介で終わっちゃう。気がつくと相手はフェイドアウトしている感じ」

意外にも彼が漫画やアニメをよく見ていて共通の話題も多かったので、2時間は思ったよりもずっと盛り上がった。でも食事は自然にこちらの奢りになり、周りからは「ママ活」に見えているかもしれないと冷や汗ものだったが。

「同年代や年下はリードしてほしいと暗黙のうちに期待されるのがしんどい。年上なら相手のほうがいろいろ知ってるし話題も豊富だから、話してて気楽で楽しい。自分が引っぱるより引っぱってもらうほうが好きかも」

典型的な、相手にすべてを丸投げしたいマグロ男子だ。年上好きは引っぱってもらうほうが甘えられて楽という気持ちもわかるが……。

最後は時々、会って話したいと言われたが、やはり年齢差は超えられず「いい彼女が見つかったらいいね」と励まして別れた。

実はダイキくんのような20代男子は珍しくない。

今までに一度もデートをしたことがない20代の男性が、全体の４割にも達しているのだ（２０２２年６月14日に公表された内閣府『令和４年版　男女共同参画白書』）。

つまり10人いたら４人がデート未経験。これはかなり大きな数字だ。

30代も男性34・１パーセント、女性21・５パーセントがデート経験がない。

20代でのデート未経験者は30代になっても未経験のまま、ということなのだろう。

その理由としてよく挙げられるのが若者の貧困、結婚願望の薄さだが、それだけではない。結婚に至るまでの心理的な道のりが、彼ら世代にとっては絶望的にハードなのである。

１９９７年以降は少子化社会と呼ばれるが、一人っ子が増えて親が競争や順位づけを避ける傾向が強まり、学校でも成績や運動能力などで優劣をつけず「平等」に扱ってほしいという要望が強くなった。つまり順位や勝敗がつくことで、子供たちが傷つくことを避けようとする保護的な心理から来るものだ。

しかし恋愛こそがあらゆる人間の心に爪痕を残す、最強の順位づけイベントだ。

失恋は本人にとって自己肯定感の全否定であり、これ以上にキツいジャッジは存在しない。そして一度の失恋が５年、10年と尾を引くことはよくあるし、下手をするとそれがきっかけで人間不信に陥ったり引きこもりになったりもする。それぐらい本気の恋愛の失敗は強烈な虚無感や痛みを伴うものだ。

競争や自己否定を嫌う世代が恋愛の痛みと爪痕を回避しようとするのは、ある意味当たり前かもしれない。その結果、ダイキくんのようにそもそも恋愛をしないで出会いが落ちてくるのを待つ棚ぼたタイプ、自分からは決して「好き」「付き合って」と言わず、相手の出方をどこまでも待ち続ける指示待ちタイプ、付き合ってもセックスしても「僕たちはいい友達だよね」とシラを切り続ける保護色タイプが大量生産された。

もちろんこうしたマグロ男子にキレて早めに別れを切り出す女性も多いが、女性がしっかり者でリーダーシップがあるほど、マグロ男子に我慢して自分が関係をコントロールしようとしがちだ。結婚後に「彼は内気だから私がしっかりしないと」とずっと我慢していた不満が溜まりに溜まって、離婚原因となることもある。

問題は彼ら自身が、「リスクを取らない何もかもお任せのマグロ男子は、こっちにだけ負担がかかって疲れる」「相手任せはずるい。そっちが言い出したから、みたいに何もかもこっちのせいにされる」という相手の不満を理解していないことだ。

自分を否定されるリスクをなくしたいという理由から始まった「丸投げ」が、結局、相手を全否定することになるという皮肉。

新著『先生、どうか皆の前でほめないで下さい　いい子症候群の若者たち』（東洋経済新報社）で、目立つこと、浮くことを恐れ、同調圧力の綱渡りをしている若い世代の内実を分析した金間《かなま》大介《だいすけ》・金沢大学融合研究域融合科学系教授、東京大学未来ビジョン研究センター客員教授はこう語る。

「今の若者は自分の感情のアップダウンを徹底的に嫌う。恋愛はメンタルを不安定にする最大のリスク要因。彼らは異性とのなし崩しの出会いの場がある学生のうちに恋人ができなければ、一生恋愛できない、社会人になってからは明確な意思を持って恋愛行動はできないと言う」

なし崩しとは居酒屋のバイトで深夜まで働き、そのまま誰かの部屋に泊まり込んだり、サークルの合宿で1週間寝泊まりを共にするような状況から恋愛に発展するケースだ。「好きです」「付き合ってください」と言わなくても、すでに既成事実ができてしまえばそのまま交際できるが、社会人にはそんなチャンスはないという。

「学生たちは友人でも恋愛相手でも、一度でも負の感情でぶつかってしまうともう元には戻らないという。その点、ネガティヴな衝突や修羅場を極力回避できるアプリはリスクが少ないため、恋人探しには安全なのかもしれない」

雨ふって地固まる、という言葉すらもう通用しない。雨が降ったら世界は崩壊するから、雨の降らない場所を探してアプリに登録するのが今流の感覚なのだ。

しかもこの傾向はもうプレッシャー世代、ゆとり世代の30代、40代から始まっている。

38歳の音楽スクール講師、ジュンさんとマッチングした時も、この「すべてお任せ」のマグロ男子っぷりに驚いた。ルックスは小柄で繊細そうな童顔。いかにも音楽好きの優しげな雰囲気だ。

メッセージにはこちらから話しかけるときっちり答えてくれるのだが、向こうからは話しかけてこない。返信は誠実で自分が音大を出てから千葉市内のいくつかのスクールでヴァイオリンを教えていること、自宅にも生徒が来て小さな音楽教室をやっていることを教えてくれた。

7年前までは彼女と同棲していたが、少しずつ会話がなくなって同じ家に住むのが苦痛になり別れたという。今は音楽教師だけでは収入が不安定なので、深夜は大手の警備会社で働くダブルワークをしている。

「気が弱いので、授業以外では女性の目を見て話せない。自分が何を話せばいいかわからなくなってしまう」と打ち明けてきたので、最初は文化系の繊細男子にありがちなタイプかな、と丸投げの対話も仕方ないと思っていた。

ＬＩＮＥの登録もこちらが主導し、会ってみようという話になった時も私がセッティングして彼が休日の日に新宿のカフェで待ち合わせをした。

初めて会ったジュンさんは予想通り優しくシャイな感じで、何かにつけてこちらのことを配慮してくれる。スマホで聴かせてくれたヴァイオリンの演奏も、派手さはないが感情表現が豊かで堅実な演奏でそれなりに楽しむことができた。

その日は楽しくレストランで食事をして別れたのだが、普通ならこれで緊張が解けて距離感が一歩近づき、連絡も双方向になると期待するはずだ。

だが、その日以降もジュンさんの距離感はまったく変わらない。LINEトークを送れば返ってくるし、何か質問すればきちんと答える。こちらの体や疲れも心配してくれるし、また会いたいと言ってもくれる。なのに、やはり自分からは何も仕掛けてこない。少しずつ虚しくなってきた。こっちはいつも何をどう話そうかとTPOを考えているし、会話もマンネリにならないように気を遣う。でも向こうはただこちらのセッティングに乗っかるだけ。

会いたいと言っても場所やデートプランを考えてくれるわけでもない。少しずつ苛立ちと不満が溜まっていく。

2回目のデートの後、決定的なことが起こった。

ジュンさんがヴァイオリン演奏を聞かせてくれたお礼にと、ちょっとした私の音楽についての記事を送ると突然、返信が途絶えたのだ。そして2日後、「こんな仕事をしているなんて凄い。自分のような才能も名前も無い人間と付き合っていていいんですか？　時間の無駄遣いですよね。心苦しいです」とLINEが……。

そのテキストを見た瞬間、頭の中で何かがぷつんと音を立ててキレた。

「よくなーい!!」

自分からは付き合いに必要なエネルギーを省エネして丸投げしてるくせに、こちらが真剣に打ち込んでる仕事を見た瞬間、「自分との付き合いは時間の無駄遣い」？　シャイです、自信がありません、を印籠《いんろう》のように振りかざせば、なんでも許されると思うな。というわけでこの日で今までの不満が爆発し、ジュンさんとはお別れをすることに。

交際を続けるためのエネルギーを片方だけが請け負うのは、よほどの納得できる理由がない限り心理的な負債になる。もし自信のなさが原因なら早期に相手と話し合って、解決しておいたほうがいい。

自分を否定されることを恐れるのはどの世代でも同じ。しかし恐怖心に駆られて否定されるリスクのある行為をすべてやめてしまう、という極端な男性が増え続けていることも確かだ。

「デートをしたことがない」「彼女がいたことがない」というのは、「デートをしようと誘ったことがあるが断られた」「付き合おうと誘ったが断られた」ではない。「デートしようと誘ったことがない」「付き合おうと誘ったことがない」のほうがずっと多いのだ。

ジュンさんのようなマグロ男子でも、アプリでマッチングしさえすれば面倒見のいいおかんタイプと出会うことも可能かもしれないが、丸投げOKのおかんタイプがどんどん減っている令和の今、その可能性は極めて低い。

マッチング後に何度かカフェトークをした34歳の会社員、サンジさんも、やはり今までに一度もデートをしたことがなかったという。

「学生時代、好きな子ができたことはあるけど、相手の出方をうかがってたらいつの間にかカナダ人の留学生とくっついて同棲してた。今まで、大抵そのパターンだった」

サンジさんの場合、今も自宅暮らしで炊事も洗濯も母親がやってくれる。料理教師の母親は息子を溺愛しており、2年間、大阪に赴任した時は毎週、クール便で箱にぎっしりの手製ハンバーグや餃子を送ってくれたという。マザコンがマグロ男子っぷりに影響しているのかどうかは不明だが、少なくともサンジさんはこれまで母親のおかげで淋しさや不都合さは感じずにすんだわけだ。

だがマッチング・アプリでは、マグロ男子の低すぎるコミュニケーション・スキルが大きな壁になる。メッセージからLINEへ、LINEからリアルデートへ、そして交際へと積み重ねていく上で、スキル欠如がはっきり相手にわかってしまうからだ。人によっては返信までに3日間も平気で間が空き、その理由も伝えないような男性もいる。これでは会話している感覚がまったく持てない。

サンジさんもこれまでマッチングしたのは7、8人で、私以外は1人も会っていない。マッチングしても会話が続かないため、相手から切られてしまうのだ。コミュニケーション・スキルの壁を乗り越えられない、という意味ではスマホを使い慣れていない熟年世代以上に、若い世代のデート経験なし男子たちが一番、適応力が低いと言えるのかもしれない。

5　オタクな陰キャでも類友婚の需要あり

30人以上のマッチング相手を取材すると少しずつわかってきた。

私自身がかなり重度のサブカルオタクなので、自分と同じぐらいのオタク度の相手でないと人種が違いすぎて安心できない。大体いつも暗いところでパソコン画面と同化していて考えていることもろくでもないことばかりだし、パリピじゃないしカラオケゴルフ飲み会おしゃれなデートBBQ《バーベキュー》みんな嫌いだし、映画や本の趣味もかなり偏っている。しかもコミュニケーションもライフスタイルも、極度に生活感に乏しいらしく「空気を食べて生きてるみたい」とよく言われる。

だからアプリのコミュニティで自分と釣り合う重度のオタクを探すも、なかなか見つからず。そもそも私のようなオタクはマッチング・アプリになんか入会しないのだ、と考え始めた。アプリで自己紹介なんてやっている暇があったら、もっとオタク道を極めたいと思ってしまうのがオタクの悲しい性《さが》だろう。

しかし！　オタク同士のマッチングも、かなりハードルが高い。

26人目のVさん（47歳）は私に勝るとも劣らないハードオタクだった。

アイコン写真はどこかの高級ホテルのラウンジで撮った、タキシードに蝶ネクタイでビシッと決めた写真。そのスタイルがあまりに板につきすぎているのだが、職業はただ「サービス業」になっている。プロフには仕事のことはほとんど書かれておらず、家では音楽や絵の制作に打ち込んでいる、と書かれていた。どんな仕事なんだろうと好奇心から「いいね！」してみた。

Vさんの仕事は派遣ケータリング人材業。つまりホテルの結婚式やパーティなどでお酒や料理を運んだりサービスするギャルソン的な仕事だ。もう15年間、ずっとこの仕事をやっている。接客が好きなので体力が許す限りずっと続けたいという。だがコロナでイベントやパーティがぐっと減ってしまったため、その分、ファミレスなどのバイトを増やさざるを得なかった。

「家ではずっと好きなアニメや漫画のキャラクターを描き続けてます。子供の頃からの日課なんですけど油彩だったり鉛筆のエッチングだったり……。ただ才能なんかあるとは思ってないし、絵を仕事にする気もないんです。ただ衝動に任せて描いてるだけで。日記みたいなもので」

ＬＩＮＥのビデオ通話で部屋を見せてもらうと、薄暗いウナギの寝床のような部屋の壁には繊細なタッチで描かれた人気漫画の模倣画やアニメのキャラクターがびっしり貼られている。どれも鮮やかに背景まで彩色されていて、ポップアートとしてもかなりレベルが高い。ＳＮＳにアップすれば数千の「いいね！」がつくという。

これは現物を見なければと休日朝、オタク部屋を訪問した。本棚にはコミックスがうずたかく積み上がり、机には彩色のマーカーやペン、絵具が散らばっていて生活感はまるでなし。食事をするスペースさえなさそうな、プロ漫画家の部屋そのもの。

「著作権の問題があるので、いくら絵がうまくても売ることはできない。この歳でコミケで手売りしたり、アニメーターや漫画家のアシスタントをゼロから始めることもできないし、まあ趣味として続ければいいかなと……。最近さすがに独り身が淋しくなってきたので、趣味に理解があるパートナーを探したくてアプリに登録した」

ケータリングの人材派遣サービスは自由にシフトが組めるし毎回違う場所でサービスを提供するため、人間関係に悩むこともない。Vさんの派遣会社は固定給制で仕事は次々に斡旋《あっせん》してくれるし収入が途切れるということはない。その上健康保険もある。仕事としては満足しているが、ボーナスや昇給がないため、今後の体力の衰えや老後の生活を考えるとやはり不安だ。

「共稼ぎのパートナーがいれば心強いし楽しいと思って登録したけど、この部屋を見て僕と結婚しようとか付き合おうと思う女性がいるかどうか疑問（笑）」

確かに趣味というにはヘビーすぎるVさんのルーティン・ワークは、重度なオタクである私でさえ若干、引いてしまうものだった。だってタキシードに蝶ネクタイでビシッとガン決めした姿と、よれたジャージ姿で薄暗い部屋に閉じこもってひたすらマンガを描いている姿があまりにミスマッチすぎる。

お互いに根暗なオタクすぎて、2人でいたら家が真っ暗闇になってしまいそうなので交際には至らなかったが、オタク方向の相性さえ良ければ全然ありなマッチングだったと思う。

今のペースでアプリが普及していけば、いずれ腐女子もアイドル推しも何もかも飲み込んでいくし、そういうコミュニティで類友に出会う確率も高まるはずだ。そうなったら条件より、時間の使い方や価値観の優先順位がマッチングのポイントになる。

オタクであることを隠す必要はない。オタク的生活の楽しさを相手に伝え、納得させられるコミュニケーション・スキルを持っているかどうかがポイントとなる。

誰とマッチングしても会話がまったく続かないと嘆くソウタさん（41歳）も、女性にドン引きされる率が高めの極度のホラー映画オタクだ。しかもコアなゾンビ映画や血がドバッと出たり首がゴロンとなったりするスプラッタ映画が好きとあって、目を輝かせて映画の話をするたびに相手に嫌な顔をされる。

ワンルームの部屋はホラー映画のキャラのフィギュアやグッズがいっぱいで、ＬＩＮＥのビデオ通話で部屋の様子が写ると、ほとんどのマッチング相手がそれっきり連絡を絶ってしまうという。40にもなってこんなコレクションを部屋に飾っているのはありえないと、相手に頭ごなしに説教をされたこともある。

「当たり障りないいわゆる世間話が大の苦手で、マッチングしてもメッセージで何を書けばいいか毎回、悩む。その結果、中身が薄くなって連絡も間遠になり切られるか、ホラーの話をしてフラれるかどっちかだった」

しかしある時、「ホラーやスプラッタ映画が好き」というアプリ内コミュニティに入会してから、すべてが変わった。一般受けしなくていいと開き直って、「ホラー映画への愛をプロフィールで熱く語り、同じ趣味の人だけを募集した結果、なんと絶対いないと思っていた趣味がぴったり合う女性がいたのだ。

「ゾンビやゴア描写が大好き」という、設備会社の当時43歳会社員だ。

「年齢は6歳年上だし、ルックスも好みというわけじゃないし、好みのぽっちゃりタイプでもない。でも正直、一緒に『ミッドサマー』や『イット』を見に行ってあんなに楽しく語り合えるなら、それだけで付き合いたいと思った。まだ結婚するかどうかはわからないが他には考えられない」

100人の「いいね！」より1人の類友。

これはアプリで結婚するための、一番のポイントなのだ。

6　子育てと婚活は両立するか？　悩めるシンママ、シンパパのマッチング事情

一方、バツのあるシングルマザー、シングルファザーも、子育ての重さからなかなか結婚へ進めず、マッチング依存に陥りがちだ。

特に子供が幼くてまだ家に1人残しておけない場合、勤務時間は親の助けを借りるか保育園、ベビーシッターなどに預けるかしかないため、それ以上の婚活時間を捻出するのは至難の業だ。だから婚活をミニマム化できるアプリへ流入する。

最近はシングルマザーの困窮や貧困化が報道されることも増えているせいか、やや高めの年齢層をターゲットにしたアプリで、「シングルマザーを応援したい」とか「シンママ、シンパパに理解あります」というコミュニティをよく見かける。つまり、結婚相手として、子供連れのシンママもウェルカムです、サポートしますよ、という婚活男性の集まりだ。

3歳の娘を育てながら仕事をしているシングルマザーのエリさん（34歳）も、2年前、アプリに入会してシングルマザー応援のコミュニティに入った。

「普通のアプリだと小さな子供がいることで婚活しにくい気がしたので、シングルマザーやバツイチに理解がありそうなアプリを選んだ。リアルではいい関係になりそうな男性に会うたびに、いつ子持ちのシングルだと切り出すか迷うので、最初からプロフィールに書いて受け入れてもらえるのは気が楽でいい」

とはいえ、やはり子育てしながらの婚活は簡単ではない。

エリさんは子供が1歳の時、夫の不倫が発覚して離婚した。それ以来、ずっと居酒屋で働きながら子供を育てている。働いている間の子供の面倒は実家の母親に頼んでいるが、幼い子供に父親がいないことにずっと負い目を感じていたのだ。

が、仕事と子育てが忙しすぎて、マッチングしても子供抜きでデートの時間を作るのが難しく、いい相手と出会えないまま2年経過してしまった。あまり積極的にアプローチできなかったのは、「子持ちを理由に断られたら辛いという気持ちがあったのと、子持ちウエルカムの男性を素直に信じられなくなったから」。

突っ込んで聞いてみると、そこにはシンママ親子に迫る魔の手が……。

ある40代の会社員とマッチングしてやりとりを重ねていた時に、相手の質問に不審を抱いた。「娘は何歳なのか」「娘の写真が見たい」。怪しいと考えて、やはりアプリをやっているシンママ仲間に相談すると思いもよらなかった答えが。

「それは絶対、ロリコンだからやめたほうがいい。娘のいるシンママだけを狙ってる悪質な奴がいる」

慌てて相手をブロックしたものの、マッチング・アプリにさえそんな変質者が紛れ込んでいることに驚愕したという。

「それからは子供のことを最初に聞いてくる男性は即ブロックするようにした。本当にシンママに理解がある男性は、まず私のことを知りたいとコミュニケーションしてくるはずだから、そこで見分けがつく。小さな子供を抱えての婚活は、気をつけなくてはいけないことがたくさんあるので大変」

子供がいると働ける時間に制約があるし、経済的にはパートナーがいるほうが遥かに安心だ。社会的にもシングルマザーの困窮が問題になっているし、親が老齢で世話を頼めなくなったり自分が職を失うかもしれない。少しでも早く再婚したいが、相手を間違うと自分だけの問題ではなく子供まで巻き込んでしまうから慎重にならざるを得ないという。

「恋人探しと子供の父親探しを両方一緒にできるのが、アプリの最大のメリット。なのに父親としては良さそうな人なのに異性として好きになれなかったり、好きになってしまった相手に二股かけられたりキープにされたり、なかなかうまくいかない」

15歳の一人息子を育てながら量販店に勤務する42歳のシングルファザー、K太さんは、子供の親離れをきっかけにアプリで婚活を始めた。9年前、元妻の不倫で別れたK太さんは、母親の助けもあり子育てで一番大変だった時期は乗り切れたという。

「息子はこれからはもっと友達や彼女のほうへ行ってしまうと思うし、自分がまだ40代のうちに婚活したほうがいいとアプリに入会した。息子とも相性が良ければベストだが、将来的には2人になるから自分との相性が一番」

シンママに比べて、シングルファザーを支援するコミュニティはほとんどないのが現状だ。プロフィール欄に「独身（離婚）子供と同居」と書くと、まず聞かれるのが子供の年齢だという。15歳という年齢は「難しい年頃」と考える人が多く、あまりいい反応は返ってこない。

そこでK太さんは数少ないマッチングのチャンスを生かすために、相手も子供がいるシンママやバツイチの女性に絞って「いいね！」を送り続けた。子育ての苦労を知っている相手なら話も合うし助け合えるだろうと考えたのだ。

「今、付き合っているのは夫と死別した3歳年上の女性。娘はもう大学生だからいろいろ、事情は察してくれるし、息子のこともわかってくれるので楽。今はまだ息子が高校生なので、通い婚のような形にしたいと話している」

いろいろな事情がある人の婚活にも優しい、がマッチング・アプリの特徴だ。

シンママ、シンパパだけでなくLBGTQのパートナーや友達探し、聴覚、視覚の障害を持つ人たちの婚活など、会員の多様性はどんどん広がっている。

聴覚障害で生まれつき聞こえない44歳のカズさんは、ドラマの影響で聴覚障害や手話への関心が高まったため、自分でも婚活できるかもしれないと考えた。

「今まではやはりコミュニケーションがネックになっていて。手話ができる人もそんなに多くはなかったし、ゼロから勉強するのは大変だと思う。でも今は手話教室がすごい人気で……。もしかしてアプリなら聴覚障害に理解がある人に出会えるかもと思った」

今のところまだ「いいね！」は10程度。マッチングしても電話やビデオでのトークができないため、やはり交際にまではなかなか進まない。

「でも仕事がIT系エンジニアで職場に女性が殆《ほとん》どいないので、リアルでのパートナー探しは難しい。時間がかかってもアプリに期待する」

拗《こじ》らせマッチング・アプリ症候群とはまた異なる事情を持つ多様な長期会員たち。彼らにとってもやはりアプリはリアルより遥かに優しい婚活の場所だ。

第三章

究極の目標「2人で退会する」を叶えるポイント

1　マッチング・アプリ症候群を引き起こす葛藤を自覚せよ

これまでマッチング・アプリ症候群の実例を数多く紹介してきたが、おそらく読者はこう考えるだろう。

アプリをやめられないから結婚できないんじゃなくて、結婚できないから、彼女ができないからアプリをやめられないのだ。だからマッチング・アプリ症候群は別に病んでいるわけじゃない、と。病んでいるかどうかは人それぞれだが、彼らがみんなあるジレンマを抱えていることは確かだ。

この症候群の定義を再確認しておく。

1　アプリで真剣に結婚相手、もしくは結婚を前提にした恋人を見つけたいと思っている。
2　登録してから最低1年以上、常時アプリをやっている。
3　次々にマッチングすること、またはそれを期待することが通常運転で生活の一部となっている。マッチングがないと自分に自信が持てず不安になる。

4　今までに15人以上とマッチングして付き合ったがうまくいかず3ヶ月以内に別れてはまた付き合うことを繰り返している。

5　短期の交際と別れを繰り返すのは、自分と相性のいい相手に出会えないからだと思っている。例えば性格や価値観、ライフスタイルなど。

6　「いいね！」をもらうと、その瞬間だけは自己肯定感を得られる。そのために足跡づけを必要以上にがんばる。

7　常時、複数進行が当たり前になる。

8　マッチングがないと物足りなくなり、注目させるためにプロフィールを常時あれこれいじったり、参加コミュニティをどんどん増やしてしまう。

5つ以上の項目に当てはまる人は、程度の差こそあれマッチング・アプリ症候群と言える。一言で言えば目的と手段が少しずつ入れ替わっており、結婚よりアプリで自己肯定感を得ることのほうが重要な目的になっている、ということだ。

そしてこの8つのうち、誰もが1は揺るぎないものだと考えている。

しかし、マッチング・アプリ症候群の人たちが抱えるジレンマとは、実はこの「自分は結婚したい。結婚を前提にした恋人を見つけたい」という前提条件の部分にもある。そんなバカなと思うかもしれないが、人は過去に傷ついた経験があると心の奥底にある恋愛・結婚への本音をなかなか正視できないものだ。

8番目にマッチングした52歳のカイさんも、そんなジレンマを抱えていた1人だ。建設現場の工事監督をしている彼は、地味だがプロフィールから誠実で優しい雰囲気がにじみ出ている。アプリの流動的な人間関係に疲れきっていた私はそのほっこりした笑顔に癒されて、もらった「いいね！」をつけ返した。

ただプロフィールの「結婚歴」に「死別」と書いてあるのが気になる。マッチングした人で何人かパートナーが病気や事故で亡くなったという人がいたが、みんな性格や価値観の不一致による離婚に比べると遥かに深く過去を引きずっていた。当たり前の話だが亡くなった方には絶対に勝てないし記憶の書き換えもできないから、せいぜい思い出話を聞いてあげることぐらいしかできない。でもそれがあまりに近い過去の場合は、こちらも苦しくなるので躊躇《ちゅうちょ》してしまう。

カイさんとは過去の話を聞くチャンスもないままメッセージを重ねていき、おたがいに水族館好きだと判明したので、週末、品川のアクアパークで会った。

その日、魚を見ながら雑談を始めて間もなく、私はカイさんに聞くべき質問をぶつけることにした。妻と死別したのはいつ頃だったのか。

亡くなったのが3年以内なら、こちらとしても心が痛むのであまり突っ込むのはやめようと思っていた。が、聞きにくい。さんざん回り道をしたあげく、ようやくこう聞くことができた。

「もし話すのが辛かったらスルーしてもらって構わないんですけど、プロフィールに書いてあった死別っていうのはいつ頃……?」

「逝ったのは4年前。もともと持病があったんですけど、いろいろな事情で離れて生活していて。で、予想以上に進行していて看取れないままに……」

それからカイさんは事情を詳しく話してくれた。亡くなった妻はベトナム人だった。カイさんが仕事でホーチミンに6年間住んでいた時に出会い、付き合って結婚したのだ。が、カイさんの仕事が終わって日本に帰国する時、彼女は体調を崩して入院していた。そばについていてあげたかったが、入院費と生活費を稼ぐには、ベトナムより日本のほうがずっと効率がいい。仕方なく彼女を家族に託して帰国し、必死に働いている時に状態が悪化して亡くなった。

「葬儀には行けたんですけど、ビザの滞在期間の問題で埋葬までいられなくて……その後はコロナ禍でベトナムと行き来ができなくなってしまった。でも墓参りにだけはどうしても行かなくちゃと決意しています。今、2つの仕事を掛け持ちしているのも、その費用を工面するためなんです」

聞いているうちにカイさんの亡くなった奥さんへの気持ちが溢《あふ》れてきて、アプリなんてやっている場合じゃないのでは？という気持ちになる。余計なお節介と思いつつ、思わず、「そんなに奥さんの供養をしたいと願っているのに、アプリに登録するのはおかしい。何より墓参りを優先させるべきでは？　今のままでは前に進めないと思う」とはっきり言ってしまった。

カイさんは言葉に詰まりながら、ベトナム暮らしの間に日本の友人とも疎遠になり、誰も話せる相手がいなかったため、心の支えが欲しかったと答える。だが、私の言葉を聞いてモヤモヤしていた自分の気持ちに踏ん切りがついたという。

「今まではそういうことを言ってくれる友人さえ近くにいなかった。ようやく自分が今すべきことがわかりました。ありがとう」

アプリでしか本音を言える相手を探せない、というのはかなり辛い状況だ。だが現実にはそういう人たちはたくさんいる。たまたま私のような仕事をしている人間だったからカイさんの本音を指摘できたのだろうが、他人が付き合う相手をどんなふうに探すかに口を挟むなんて、余計なお世話以外の何ものでもないのだ。

今までなら仲間内や職場での飲み会、昼食時のちょっとした近況報告や無駄話で知ることができた相手の個人的な境遇が、人間関係やコロナによる変化でどんどん減ってしまったのだと実感した。

カイさんは「結婚相手を探している。結婚を前提とした恋人との出会いを求めている」という心境に到達していなかった。なのにプロフィールには「2人で温かい家庭を築きたい。なんでも話し合える関係が理想」などと書かれている。

つくづく人の心の矛盾を感じてしまう。1週間後、そのアプリの「メッセージのやりとり」ページで確認すると、カイさんはすでに退会していた。きっと私の言ったことを考えて素直に受け止めてくれたのだろう。

ひとつの出会いの後ろには、ひとつの別れや弔《とむら》いがある。

そんなシンプルなことさえわからなくなってしまうのは、アプリでしか繋がれない時代のせいなのかもしれない。

松坂桃李似のシュッとしたイケメンで甘いイケボの上、スタイルも良く、性格も温厚。2年前に登録したアプリでは500「いいね！」がついていて、100人近くとマッチングし、40人以上と会った。

そんな映像の制作会社で働くレオさん（37歳）がプロフィールに「結婚歴なし。恋人も

8年間いません」と書いている。誰もが不思議に思うはずだ。

「何度かは会ってデートするところまでは行くが、まだ結婚を考える真剣な交際には至っていない。彼女は欲しいけど結婚は……関係を築いていく自信がなくて」

マッチングしてメッセージからLINEに進みカフェで会った時に、そんなネガティヴな言葉に驚いた。爽やかなルックスや雰囲気とは裏腹に、家族を作ることにはかなり後ろ向きな感情が渦巻いている。

「子供の頃、親が喧嘩ばかりで幸せそうに見えなかった。誰かと付き合っていても、口論を聞いていてしんどい気持ちになったのを思い出し、自分もそうなるのは嫌だなと思ってしまう。自分を変えたくてアプリに入っているがまだ変われなくて」

詳しく聞いてみると、小学生の時、父親の不倫が原因で両親の仲がおかしくなったという。口もきかない家庭内別居状態が7年近く続き、結局、離婚して母に引き取られた。だから家庭にいい思い出がない。

仲のいい家庭を見るとうらやましかった。結婚はしたいし子供も欲しい。年齢的にも子供を作るのにギリギリかもしれないと思う。だが、彼女ができて付き合っても、途中でしんどくなって離れてしまう。両親が罵《のの》り合う記憶が抜けない限り、穏やかで平和な家庭を作ってパートナーとうまくやっていくことが想像できない。

だからレオさんは不安から逃れるため、一度会っただけでフェイドアウトしていたのだ。

「自分の周りにも結構、結婚した後に浮気をしている友人は多い。それを見ていると自分も含めて人の気持ちが信用できなくなる。悲観主義なのかもしれないが……。幸せな家庭がイメージできる相手と出会いたい」

そういう相手でなくてすみませんでした、と思わず頭を下げたくなった。

レオさんのように、まだ過去に気持ちの整理がついていないが、とりあえずアプリに入ってみよう、相手が自分を変えてくれるかもしれない、女性に引きずられて人生の軌道を修正したい。そんな期待感を持って登録しているマッチング依存の男性があまりに多くて驚く。

もはや結婚を見据えたお付き合いという概念自体が、トゥーマッチな重荷の時代。女性に変えられたい男、引きずられたい男が増加すればするほど、夫婦別姓とか事実婚のバリューは上がっていく。

結婚カップル数や子供の数を増やしたいなら、行政はこういう重荷にならない関係性のサポートを早急によろしく。

2　悲劇を避けるためのマッチングリテラシー

土曜日の横浜・桜木町駅改札口で、私はアプリの写真を頼りに待ち合わせのマッチングした相手を探していた。

48歳。陽に焼けた細身の顔は若々しくて学生のようで、髪は真っ黒。引き締まった体に白シャツとデニムがよく似合う、はずだ。でもさっきからずっと改札窓口近くにいるのはずっと携帯をいじっている高校生ぐらいの女の子と、ジャンパーを着たお腹も腰回りもスーパーメタボな男性だけ。私の視線は何度もその2人を滑って、到着した電車から降りてくる人々を探す。

もう待ち合わせの時間を15分も過ぎてるのに、どうしたんだろう？

LINEでその相手コウさんに電話してみると、驚愕する事態が発生した。さっきからずっと改札の周りをうろついていた、写真とは似ても似つかないメタボなおじさんがスマホに出て話し始めたのだ。

ちょっと待って。私が今、見ている写真とあの男性は完全に別人なんですが。

「もしもし、コウです。今、改札にいらっしゃいますよね？」

恐ろしいことにスーパーメタボおじさんが笑顔で手を振りながら近づいてくる。

「はい……」

「こんにちは、コウです。さっきからずっといたんですけど」

「写真と……違いますよね？」

「まあちょっと前の写真だから」

すっとぼけた顔でそう笑った相手に、私は一瞬、殺意さえ抱いた。

だって……ちょっとした食べすぎとかぽっちゃりレベルじゃないのだ。明らかに30キロは違う。そして髪は真っ黒から真っ白へ。ちょうどドラマで「あれから10年の歳月が流れ……」というナレーションが入るぐらい、時間の経過を感じる。つまりコウさんがプロフィールに使った写真は、多分30代の頃のものだろう。

写真詐欺。まさか自分が引っかかるとは。

何より腹が立ったのは、彼が相手を騙したことにまったく悪びれる様子がないことだ。もちろん女性はメイクやアプリで盛ったりもする。だがここまですぐわかる別人級の嘘はさすがに気まずいから絶対タブーだ。たとえマッチングしてデートにはたどりつけても、その後の印象は最悪になってしまう。とにかくその時の私はコウさんへの怒りと一刻も早く帰りたい気持ちでいっぱいで、取材すらする気になれなかった。

しかしコウさんは、これから自分がよく知っているいい店に案内したいと言って、歩き出した。迷ったあげく「写真詐欺の男」として取材だけして帰ろうと、どんよりした気分で後に続く。連れて行かれたのは海の近くのカフェだ。かなり有名らしく2階から階下までずらりと行列が並んでいた。待っている間に気分はさらに落ちていき、やっと席が空いた時にはムカつきのピークに達していた。

早速、容赦ない質問責めを繰り出す。

「あの写真はいつ撮ったものですか？」

「えーとよく覚えていないけど……10年……いや35歳だから15年前だったかな」

「なぜ今の写真を自撮りして載せないんですか？」

「男は自撮りとかしないんだよね。自分の顔が嫌いだし」

一言も謝らないつもりらしい。鋼鉄の神経だ。

コウさんによると彼の勤務先は税務署だという。税務署員とは納税者の嘘やごまかしを見抜くのが仕事のはずだが。自分で自分を粉飾決算してどうする？

そして彼は少し得意げに「去年、公認会計士の国家資格に合格したので、近いうちに独立しようと思って」と言った。

彼はカレーを食べながら公認会計士の試験に合格するのがどんなに大変かを、長々と語った。日本の三大国家資格は医師、弁護士、公認会計士なのだとか。

いや、だからどんなに公認会計士の試験に合格するのがすごいことでも、あなたが写真詐欺をするような人だという事実は少しも変わらないわけで、いやむしろ公認会計士の格が下がってしまうわけで……。自慢話を聞けば聞くほど虚しくなる。

そんな詐欺男にも過去の切ないコイバナがあった。

「マッチング・アプリに登録した理由は？」

「実は3年前まで付き合っている人がいたが、コロナがきっかけで会えなくなり別れてしまって……」

それも嘘かもしれない。女性と付き合ったことがないというと世間体が悪いから、適当にでっち上げていないか？　私は警察の尋問のように無表情に睨みつけながら、具体的な理由を尋ねる。初対面の相手にここまで突っ込むのは失礼かもしれないが、コウさんは鉄の神経だからきっと大丈夫だ。

コウさんの説明によると彼女とは5年間、3ヶ月に1度ぐらい会っていた。だがコロナで老親を介護していた彼女が感染を心配して、2年間会えなくなってしまったという。結局、会えない期間が長すぎて別れたと。普通、3ヶ月に1度しか会わない相手を「付き合っている」とは考えにくい。やはりコウさんの勝手な思い込み……もしくは相手の掌で転がされていたのかもしれない。

当たり前だが結局、写真詐欺の男、の強烈なイメージは最後まで変わらなかった。

その後、駅まで歩き別れを告げたが、彼は名残り惜しそうだ。

「また会えますか?」と聞かれたので、率直にイメージと違いすぎるから無理ですと答えた。あのプロフィール写真を現状のコウさんのものに変えない限り、まともな出会いは訪れない。そう言いたかったが、コウさんに好意も親しみも持てなかったので、結局、言わずに別れた。

あとで複数の婚活男性にこの話をして感想を聞くと、半数にあたる約50人が「気持ちはわかる」「そこまでして会いたかったのは健気《けなげ》だと思う」と同情的な意見だったことに驚いた。しかし私は二度と写真詐欺に出会いたくないので、今は可能な限り会う前にＬＩＮＥのビデオ通話をするようにしている。

こういう失敗から対策を一つずつ学ぶのがマッチング・アプリの極意だ。

ビデオ通話チェックの利点は数え切れない。

① 年齢、体型、顔、その他の嘘が一目瞭然でバレる。

② 相手の雰囲気、部屋の様子、生活感などの雰囲気が一瞬でわかる。
③ 既婚者はそもそもビデオ通話をしたがらないので、見抜くのに便利。
④ テキストではわからない、会話が弾む相手かどうかの相性、生理感覚がすぐわかる。

が、致命的なデメリットが一つある。

それは男性の90パーセントがビデオ通話を好まない、という事実だ。なぜ？ と理由を聞くと「会社のZoom会議のようで緊張する」「自分の顔が嫌い」「普段使っていないから」「ビデオ通話で自分がうまく話せる気がしない」……。

普通の電話なら大丈夫という人が多いので、やはりルックスに自信が持てない、外側で判定されるのが嫌、という気持ちの表れなのだろう。

ビデオ通話を断られたらどうするか。

次善の策として「1時間だけの採用面接」がある。

これは実際に私がマッチング相手に持ちかけられたもので、テキストの延々と続く自己紹介と世間話の不毛さを回避できる上、たった1時間で相手と付き合うかどうか決められる、という大きなメリットがある。

その時のマッチング相手、ケンさん（50歳）は、LINEで「カフェでお茶をしましょう」と積極的に誘ってきて、金曜日に渋谷で会おうということになった。

でもその直後に、「所用があるので1時間だけのご挨拶でお願いします」。頭が混乱した。わざわざ時間を作って会いに行くのに、1時間だけの挨拶にしましょうなんて何様？　企業の面接みたいであまりに失礼すぎる。

もうこのマッチングはなかったことにしよう。

ムカついたのでケンさんのLINEアカウントも非表示にし、次へ行こうと気を取り直しかけた時、再びケンからLINEが入った。

「金曜日、会えますよね？　このお店はいかがですか？」

食べログのおしゃれなカフェのURLをコピーして送ってくれたのだ。会いたいのか会いたくないのかよくわからない。

ケンさんの気持ちが把握できなかった私は、彼の本音を聞くために金曜日カフェに向かった。スーツ姿のケンさんは予想より真面目そうな感じの、そこそこイケメンだ。彼は私の問いに応えて、1時間だけの採用面接を始めた理由を教えてくれた。

ケンさんは36歳で離婚、それをきっかけに家電メーカーから不動産の営業職に転職した。仕事が忙しすぎてしばらく恋愛に縁がなかったが、去年、管理職になり50歳の大台を目前にしたのをきっかけに、「このまま1人は淋しすぎる」とアプリに登録した。

それから15人とマッチングし9人と会った。

「一番辛かったトラウマは、LINEや電話では大盛り上がりだったのに実際に会ったら即、ごめんなさいされてしまったこと。そんなに僕の顔が嫌いなのかと落ち込んだ。生理的な相性は絶対、会わないとわからない。だから少しでも気に入ったら早めに会って、相性が悪いと思ったらその場で違うと言ってもらったほうがいい」

ケンさんは最初にそれを見極めるため、「1時間のご挨拶カフェタイム」を提案するようになったのだ。最初から1時間だけと決めておけば、「この人じゃない」と思った時も変に相手に気を使わずにさっさと帰れるし、不快感を残さずにすむ。

ようやく事情がわかった。だが就職試験じゃあるまいし、1時間で相手を見極めるなんてあまりにビジネスライクすぎないか。それに女性にとってはわざわざメイクして身なりも整えて、挨拶だけなんて不毛すぎる。しかし次のケンさんの言葉は目からウロコだった。

「だって1時間話せば、無理か圏内かわかるでしょう? 逆に無理な相手とそれ以上話していたら苦痛なだけだから」

確かに。今まで何回、会って5分以内に「もう帰りたい」と思ったか数えきれない。相性がバツなら、5分でも充分すぎるのだ。だからこそ私も、会う前の見極めに手軽なビデオ通話を使おうと思ったわけだし。メッセージやメール、電話を何十回交わしてもわからないことが、会うとほんの一瞬でわかる。それが生理感覚というもので、マッチングのキーポイントとなるコアな部分なのだ。

30分のビデオ通話も、1時間の採用面接も、情報量としてはそんなに変わらない。ただ、面接のほうが「わざわざ会いに来た」というコスト感覚がある分、ハードルは高くなる。

20人とマッチングして20回採用面接をするなんて大変すぎるし時間もかかりすぎるから、どうしてもという相手以外はビデオ通話を試してみることを勧める。

もし相手が嫌だと言ったらそれならここまでと突っぱねるぐらいでないと、いつになっても本命に出会えない。株の売買じゃないが、マッチングには「損切り」が必要なのだ。

しかしこの日は結局、3時間もかけて話を聞くことに。

「話がはずめば、1時間の面接がいくらでも延長になる。その辺はおたがいの相性次第です」

ケンさんのおすすめのおしゃれなカフェでお茶を飲み、近くのリバーサイドを散歩しながら彼の望む交際について聞いた。

「母親の介護をやっていてこれからいろいろ忙しくなる。週末も接待とかで潰れるから今はなかなかゆっくりできないけど、まあこんなふうに公園を散歩したり……。定年になる頃には2人で旅行とかできたらいいよね」

つまりこんなに忙しい俺を、家事をしながら支えてほしいということなのか？　これから介護もますます大変になるし、自分も体力が落ちてあと10年もしたら結婚相手を探すのも難しくなるから、今のうちに嫁を確保しておかないと……という感じなのだろうか。ケンさんの気持ちはわかったが、なんとなく乗れないまま「違うような気がする」と言って別れた。

時間限定の採用面接は、人によって向き不向きがある。私のように事務的な選別が嫌いならお勧めはしないが、とにかく3ヶ月以内にどうしても相手を見つけたい、というような特急マッチングを希望するならそれもありかもしれない。

もう一つ、マッチング後の成功率を上げる方法として、「1ヶ月だけお互いに公認で仮パートナーとして付き合ってみる」というのがある。つまり仮カレ、仮カノだ。本当の相性は数年付き合ったり一緒に住んだりしないとわからないから、とりあえず1ヶ月、定期的に連絡をしてデートしてみる。「仮」ならいくらでもやり直せるから気楽だし、その期間内でどうするか決めればいいから気分的に余裕もある。

しかしここにも罠がある。本命になれたと思っていたら実はこの仮カレ・仮カノ状態で、複数同時進行されていたというケースも。複数進行でも勝ち抜ける覚悟がないと、アプリで結婚するのは難しいのだ。1時間、1日、1ヶ月。踏ん切りがつかないのなら、だらだら続けるより区切ることで前進できる。ここにはドラマのようにロマンチックな偶然はない。

マッチングしてみたら憧れの先輩や上司、幼なじみだったとかも99パーセントない。あるのは現実的な戦略と、確率論的な結果だけだ。

でも大丈夫。アプリを始めて1年もすればあなたも立派なマッチング依存症。何があっても驚かない鋼鉄の心臓になっているはずだ。

3　港区女子・横浜男子になりたい依存男女のあざとい謀略

住宅メーカーの営業部で働くサエコさん（29歳）は去年5月、3つの大手アプリに同時登録した。

とにかく早く結婚して会社を辞めたい。その一心でマッチングした年収800万円以上の男性にはほぼ全員会ってみたという。

サエコさんの会社は売り上げのノルマが厳しいだけでなく、残業も多いし休みも少ない上に上司との人間関係が複雑でストレスフルだ。

「上司の派閥間の冷戦に巻き込まれることが多くてどんどん精神的に疲れて。とにかく辞めるか転職するかしたかった」

サエコさんは杉並区で両親、妹と実家住まいだが、結婚をうるさく勧め過干渉する母との関係もうまくいかず実家を早く出たい。だが、今の給料では会社に通える場所にまともな部屋を借りることもできないし、シーズンごとに欲しい服も買えない。

早く結婚して専業主婦になりたい。美容や服、コスメなどのインスタグラマーもやっているためそのコストは切り詰められないし、子供はどうしてもインターナショナル・スクールに入れたいので、夫の年収は1500万円以上必要だという。

「大学の同級生がアプリ婚活で結婚したと聞いて、自分にも合っているかも、とリサーチして3社を選び登録してみた」

1500万円フィルターにかけると50代以上の経営者や役員ばかり。そこで手が届きそうな1200万にしてみたのだが、それでも結婚相手としての範囲内の年齢となると普通の会社員はほとんどいない。

「最初のマッチングは個人で株の投資をやってる人。新宿のパークハイアットのレストランで5万円のコースとシャンパンを御馳走してくれて……。ネットの株売買ならどこに住んでいてもできるから将来はシンガポールかドバイに住みたいと言ってた。イメージとしてはミニ与沢翼」

年収は魅力的だがサエコさんは東京を離れる気持ちはない。それに個人投資家はいつ転落して全財産を失うかもわからないから、怖いという。

だが、2度、3度と会ううちに、彼の連れて行ってくれるあちこちの超一流レストランにすっかり味をしめてしまった。

「別にタワマンに住みたいとか別荘が欲しいとかじゃないけど。彼が連れて行ってくれる店は好きだし港区女子の気持ちがわかる。贅沢を楽しむ時間があると、会社で嫌なことがあっても忘れられるし」

その彼と月に3、4回は食事に行きながら、他のマッチング相手ともランダムに会う日々にすっかり慣れてしまった。でも、一つ気になることがある。彼はいまだにアプリから退会していない。自分以外にも会っている人がいてキープにされているのかも、と薄々感じている。早く専業主婦になりたい、実家を出たいという目的からどんどん遠ざかるのに、アプリの海からは抜け出せない矛盾が膨らむ。

今、都内の一流ホテルの高級レストランは、サエコさんたちのようなマッチングカップル客がどんどん増えているという。港区で高級ワインバーを営む経営者のFさんは、「自分もアプリに登録して何度か会ったことがあるので、アプリのマッチング客はすぐにわかる」という。和やかだがどこか緊張感があって恋人にしては言葉遣いがぎこちないし、おたがいにかなり気を使っている。そして必ず男性のほうが代金を払うという。

「マッチングのカップルさんはワインも料理も高級なものを注文されるので、お店にとってはかなり収益率のいい客。男性は勝負をかけていることもあって、相手にいいところを見せようと必死だから、キャビアとシャンパンのスペシャルメニューもよく出る」

その中の何パーセントが結婚にたどりつくかは謎だが、少なくともマッチング依存が傾いた日本経済を回す一助になっていることは確かだ。

医者と結婚して港区白金のタワマンに住む。27歳の会社員ケイコさんはそんなミッションを果たすために2年前、アプリに入会した。父は金融系の企業を経営していて母は専業主婦。開業医の娘だった母からは、物心ついた時から医者と結婚しなさいと言われ続けてきた。

家が裕福で成人しても両親から月々20万円の生活費をもらっているケイコさんは、生活の心配がまったくない。週末は着付けやネイル、バレエを習い、29歳になるまでに結婚しようと考えていた。

「会社勤めは好きになれないので結婚して子育てが終わったら、趣味のネイルを勉強してネイルの店をやりたい。逆算すると27歳で出産するとちょうどいい。出会いのチャンスが少ないので試しにアプリに登録してみた。母に賛成されない結婚は難しいので、相手を医者だけに絞っている。でも結局決めきれなくて」

アプリでは医者に「いいね！」が２００、３００近くつくことも珍しくないし、競争率はかなり高い。しかしケイコさんは若い上に芸能事務所にも何度かスカウトされたぐらい容姿端麗で、８割の確率でマッチングできたという。

そこからはランキング制で淘汰《とうた》していった。

年収が２０００万円以上、住所が港区か渋谷区、世田谷区、内科医、出身大学……。条件をクリアした相手とはレストランで会い、性格や将来性を見極める。

「３人ぐらいに絞りたいので、今度のお誕生日を覚えていてくれて、ちゃんとお店を予約して祝ってくれた人を残す。いくら医者でも家事と子育てだけやってくれればいい、みたいな人では一緒にいるのが苦痛だし。それにネイルサロンにも賛成してくれる人がいいので、余裕のある10歳ぐらい年上の方がいいかも」

アプリのコミュニティではコンサバな年下好きの嗜癖コミュが目立つ。「男性が10歳以上年上でもＯＫな人」「年上男性と年下女性の組み合わせが好きな人」「ついてきてくれるタイプが好き」……。特に医者や弁護士、経営者など社会的地位が高いとみなされる職業の人々は、「自慢できる10歳以上年下の美人妻がいい」というトロフィーワイフ信仰が根強い。

だからケイコさんのような富裕層狙いは、最初にフィルターで候補を数人に絞るほうが、結婚には早道だ。白金住まい、ネイル店を出すことなどへの理解は付き合ってから確認すればいい。

すでにアプリ登録から2年が経過した。ケイコさんは自分がマッチング依存症の泥沼にはまっている自覚はないが、いつの間にか朝起きた時と寝る前にアプリチェックするのがルーティンになってしまったという。

「何人かと付き合ったが、理想通りの人はまだいない。30歳になったら条件を緩和すべきか、今から悩んでいる」

結婚で人生ごとセレブ地区に引っ越したいのは男性も同じだ。

web系のCM制作会社で働く38歳のヒデさんがアプリに登録したのは1年前。ブラックな会社を辞めたい、父の説教がうざったいので自宅を出たい、という切羽詰まったフラストレーションから脱する手段として、部屋をシェアできる相手を探し始めたという。

「家を出て同棲か結婚をするのが目標。年上の女性なら会社を辞めてもしばらくは食わしてもらえる。どうせなら横浜あたりに住みたい。55歳ぐらいになったらおしゃれなバーとか2人でやるのが夢」

　経済的に余裕がある大人な年上女性と付き合って、横浜の海に近いおしゃれなエリアに（彼女の部屋に転がり込んで）引っ越したい。7人目のマッチング相手は、そんな都合がよすぎるセレブ願望を抱いてアプリに入会したペット男子系のヒデさんだ。私はセレブでも横浜市民でもないし、まったく理想とかけ離れているのだが。

　とりあえず居候可能（かもしれない）な部屋に住み、職場や家のグチを説教せずに聞いてくれそうなところが気に入ったのだろう。

　ヒデさんはいつも自分のことで手一杯で、こちらの気持ちを汲《く》むような余裕はなかった。

　会社で仕事をうまく回せず怒られると、カフェで話していても上司の愚痴ばかりこぼす。父親と喧嘩すると、真夜中に延々とＬＩＮＥをしてくる。精神的には中学生と大差ない。私は彼の自活偏差値を測るために、質問をしてみる。

「掃除洗濯は誰がやってるの？」

「母親」

「食事は誰が作ってるの？」

「母親。作るっていってもスーパーの出来合いの惣菜が多くて。まあ、手抜きだよね」

手抜きだろうがなんだろうが、3食掃除洗濯付きでママに面倒を見てもらってるわけで、愚痴るぐらいなら自分で作れと言いたい。万一、一緒に住んだら、そのママ役を押し付けられる可能性は大だ。

そしてそれ以上の懸念材料が、ヒデさんの横浜セレブ願望だ。

彼の父は90年代半ばまで横浜の繁華街で高級料亭を経営しており、業績も良かった。ヒデさんは溺愛されて贅沢に育ったが、バブル崩壊後、経営難になって閉店してしまった。父はスーパーで働き母は保険の営業に駆け回って生計を立てたという。

ヒデさんの中には横浜の一等地にあった父の店のキラキラした記憶が強く残っていて、いつかワインバーをオープンしてその頃の栄華を取り戻したいという願望がある。横浜港の海が見えるマンションに住み、高級ワインバーの経営をする。とてもすてきな夢だが、億単位の経済力と経営力が必須条件だ。年上女の稼ぎなんかに頼る時点で、到底、無理。

そのうえ、食事は奢りが当たり前でお礼さえ言わない。

せめてその分、年下の可愛げがあればまだ許せるのだが、ヒデさんの場合は自分が何を考えているのか、何をしたいのか、伝えるコミュ能力が低くて、一つ一つが傲慢に見えてしまい、フラストレーションが蓄積する。ペット系男子としてのスキルが低すぎだ。

マッチングから3ヶ月後、基本的なコミュができないヒデさんへの苛立ちが頂点に達して、結局、別れを告げた。

横浜の人にはなれなかった。

第四章

マッチング依存で交際が性的、非性的に分岐する理由

1　イタリアン・セクシーな性的アプローチかコンプラ重視か

12年間、仕事の赴任でイタリア生活をしていたリョウさん（45歳）とマッチングした時は、それまでの相手とあまりにアプローチが違うラテン系のノリに驚愕した。

彼は見た目は端整なイケメンだが、正直で飾らない朴訥《ぼくとつ》さに好意が持てる。それに豊富なイタリア生活体験が気に入ってマッチングし、LINEトークを交わしてみることにした。

リョウさんはアプリに登録してから1年半の間に80人近くとマッチングをしたという。が、なぜか1ヶ月以上続かないため、必然的に付き合う数も増えていく。

LINEトークを2、3回交わしたあたりから、リョウさんの言葉があまりにイタリアンでセクシー方向なのに驚いた。「好きだ」「愛してる」「キスをしたい」……と連発し始めて、スタンプは熱烈なキスマークやハグマークばかり。会ってもいないのに、こんなにアグレッシヴに口説けるなんてやっぱり中身はもう完全にイタリアンなのか？

リョウさんは5年前までナポリやフィレンツェのレストランに派遣され、スウィーツのパスティチェーレ（パティシエ）として働いていたのだという。どうやらその生活が彼をアモーレな情熱の人に激変させたらしい。サッカーの長友佑都ばりにラテン系のノリだ。

実際に会ったらどんな人なんだろうと興味をひかれ、週末、品川で会うことになった。カフェで会ったリョウさんは長身で金髪だし、鮮やかなブルーのセーターもイタリアンな雰囲気で、LINEと同じく二言目にはキスしよう、ハグしようの連続。人目もはばからずにキスしようとするので、押し留めるのが一苦労だった。

話を聞いてみるともともとの性格はシャイで無口。東京のレストランで働いている時は30代まで彼女もできなかった。が、職場から派遣されて行ったイタリアのレストランでは年上のマダムたちに、女性とのセクシャルな接し方を学んだのだという。

向こうでリョウさんは店に来るマダムたちに「Bello!《イケメン》」「Carino!《カワイイ》」と人気があった。マダムの中には彼が仕事が終わるのを待っていて、そのままデートに直行し、飲みに行って親密な関係になることもしばしば。

「イタリア語は片言しか話せなくて店の同僚たちとは仲良くなれず淋しかったから、マダムに可愛がられるのはうれしかった。あまり複雑なことを言えないので、会ったらとにかく相手に喜ばれるようにキスやハグをする習慣になって……。今はコロナで帰国して日本のレストランで働いているが、それが抜けてない」

口下手で自分から相手の楽しめる話題を振るのが苦手というリョウさんにとって、アプリのメッセージやLINEトークを長く続けるのは苦痛だ。深夜のLINE交換は話題に困ってついスタンプを多用し、早めに寝てしまって相手を怒らせることも多い。だからとにかく言葉の必要ないスキンシップに持ち込みたいと焦り、それが逆にチャラいと警戒心を抱かせてうまくいかないことが多いという。

結婚前提のマッチング・アプリではスキンシップが早すぎると、ヤリモク、ナンパと間違えられて関係を絶たれる。それを指摘すると初めて気がついたと驚いていた。

しかもリョウさんがイタリアで学んだのは、年上のマダムに上手に甘えて可愛がられる若い恋人やジゴロ的な付き合い方。向こうではそれでお小遣いを貢がせて暮らしているツバメ的な男性も少なくない。日本でいうところのママ活だが、スキンシップのうまさは日本人の比ではないという。それを学んでしまったヒデさんは、同世代や真剣な交際を求める人には遊び人と誤解されても仕方ない。だが、アプリ入会の動機は真面目そのもの。

「今の職場は男ばかりで女性との出会いがないので、結婚を前提とした恋人探しをしたかった。でもメッセージやLINEで気に入られないと次に行けないから、文章が下手で話題を盛りあげられない僕には難しい。早めに会って自分を気に入ってもらう方法があったら教えてほしい」

リョウさんにはその後2、3回会ったが、コミュニケーションへの苦手意識が大きな壁だった。「抱きしめたい」「キスしたい」……そして会話のネタにつまると突然、連絡が取れなくなったり、1週間後、ひょっこり連絡してきたり。仕事がブラックでほとんど休みが取れないらしく、体調も壊しがちだという。かなり前から始めた転職活動が進まないのも、コミュ下手が邪魔をしているらしい。

最終的には短期間で別れを告げたが、やはり日本の婚活業界では理解されにくいのか、何度かまた会ってと連絡が来た。シャイで内気すぎるコミュ下手のイタリアンボーイ、という矛盾に満ちたリョウさんは、今もこの矛盾を突き破れずにいる。

アプリは女性のリスクを減らすようにシステムが組まれている。

だから女性に詐欺やセックス目的だと判断された場合、運営に通報されると強制退会されるし、悪質なヤリモク男はブラックリストに載せられてSNSで晒《さら》されることもある。それでも完全にアプリの悪用を防ぐことはできないし、当然、真面目な交際と遊び目的の境界が曖昧な場合もあって、トラブルの種になる。

その一方でセクハラ、性暴力への社会的視線はどんどん厳しくなってきている。弱気な男性にとっては「下手に手を出したら一巻の終わり」という恐怖感もつきまとい、どう動いたらいいかわからず戸惑うことも多い。

では清廉潔白をアピールするために徹底して非性的に振る舞うべきなのか、それとも早めに恋愛モードに持ち込むべきなのか。アプリの出会いで最も男性が迷うのがここだろう。

大手外資系企業の税務を担当する42歳のヒロさんは、アプリに登録してからもう1年だがなかなかリアルデートに繋がらず、私が初めてマッチングして会った女性だという。

7年前、妻を癌で亡くし1人で子育てしてきた。息子はまだ中学2年。だが、今、婚活をしないと再婚の機会はないと考えてアプリ登録した。

「でも息子も多感な時期だしもし同居したらうまくいくのか、とか先の先まで考えてしまって、毎日アプリをチェックして『いいね！』をつけて回りながらも、現実のアクションが起こせなかった」

ヒロさんは国立大の法学部在学中に国家試験に合格して、卒業後に今の仕事についた。英語も堪能でエリートと言ってもいいコースを歩いてきたが、家庭環境は波乱万丈だった。

水商売をしていたシングルマザーの母が経済的に苦しくなり、中学生から高校までは養護施設で過ごした。その後、再婚した母に引き取られ大学まで進学したが、義父は酒を飲むと家で暴れた。

「弱視のために職場でストレスを抱えることも多くてその反動なんだと思う。でも大学の学費を払ってくれたし、歳をとった今は恨みはなくなって。むしろ弱視や視覚障害の人たちの気持ちを理解したくなった。ボランティアで何か助けになることができたらと点字の勉強もしている」

忙しい仕事のかたわら勉強を続けて、もうすぐ点字技能士の資格も取れるという。資格講師としてボランティアで子供たちに点字を教えたいという言葉に心を打たれた。

なんて心が広くて真っ直ぐな……。ヒロさんは、私が1年間のアプリ取材で出会った中でも、トップレベルで社会的な意識の高い人だったと思う。

なのに、なぜ何度も会いながら結果的にプラトニックなお付き合いのまま別れてしまったのか。

これは大きな問題だ。

第一にヒロさんのコンプラが完璧すぎて、恋人という領域に進みにくかった。つまり関係も会話も非性的で、個人的な関係に進むには何かが足りなかった。多分、ヒロさんが性的な言葉や行動などを徹底的に排除してくれたおかげで、そういう面での不安感は持たなくてよかったものの、逆に先に進むとっかかりも見えなかったのだ。

結婚を前提としたマッチングをゲットするのは意外に簡単だが、難しいのはそこから「結婚を前提とした恋人」になるまでの過程だ。恋人にならなくていいのなら、ただベルトコンベアに乗って結婚式まで運ばれていくだけなら誰でもできる。極端な例は一昔前の仲人がいるお見合いや結婚相談所のシステムだ。2人の間に恋愛感情が介在しなくても、「……さんが勧めてくれるから」「親も納得してくれるから」という理由で結婚が成立していた。

では、今はどうなのだろう?

「お見合い」の代わりにアプリがある。

「アプリで確率が90パーセントだったから」「マッチングしたから」「『いいね!』が50ついていたから」……。AIによる相性やおすすめのサポートでマッチングして、その後もAIの指示で結婚という目的地にオートマティックに連れて行ってもらえるのなら、こんなに楽なシステムはない。でも現実にはマッチングしてから交際、結婚にたどりつくまで、2人で試行錯誤しながら進まなければならない。

運よくおたがい恋に落ちて真剣な恋愛の末に結婚する人もいれば、ある程度、打算で相手を選ぶ人もいるだろう。アプリ婚をした人の中で何割ぐらいが、恋愛感情なしのまま結婚しているのか?

恋愛感情がなくてもおたがいへの配慮あるコミュニケーションがあれば結婚は成立するが、非性的関係のままでは長続きはしない。つまり「初夜」というシステムがあった昔のお見合い婚システムは、ちゃんと理にかなっていたということになる。

ヒロさんの場合は配慮あるコミュニケーションは取れていたが、非性的すぎて個人的な親密さがあまりに薄かった。ではキスをしたりハグをしたり、あるいはセックスをすればよかったのか、というとそういうことでもない。非性的な「社会的存在」としてのヒロさんは印象に残ったが、性的な個体としての彼がまったく見えなかったのが、それ以上進めなかった理由かもしれない。

リョウさんとヒロさんは性的なプレゼンでは真逆の2人だったが、どちらもマッチング依存の相手の中ではかなり印象的だった。リョウさんは性的なアプローチしか知らず、ヒロさんは非性的なアプローチしかできなかった。やはり両方できて初めて本物のマッチングなのだ。この2人との出会いでそれを痛感した。

2　腹筋割れイケメントレーナーは集客詐欺？

44歳のシンさんのプロフィール写真を見た時、思わず目を疑った。腹筋している時の腹筋割れした腹部や筋肉の浮き出た二の腕をクローズアップしているのだが、完全にプロ仕様の鍛え方だ。

趣味にボクシング、と出ていたのでなるほどと納得したが、マッチング・アプリのプロフ写真に筋肉写真をアピールしているところは、かなりのナルシストな気がする。そして顔写真もやや童顔で顔立ちの整ったイケメン。これは筋肉好き、韓流細マッチョ好きの女性から「いいね！」が大量につくだろうと予測した通り、150以上の「いいね！」がついていた。そして私との相性は「98パーセント」という驚異のシンクロ率。アプリ入会以来初だ。

メッセージ付きの「いいね！」では最高に効く自重筋トレを教えてくれたし、性格もフレンドリーでいい人そうだったので、とりあえず「いいね！」を送ってマッチングしてみた。

LINEトークでも話が合いカフェで会って2時間おしゃべりをすると、意外なほど共通の趣味があって楽しかった。シンさんは元お笑い芸人で体を鍛えるためにフィットネスジムに通っていたが、今はそこでトレーナーとして働いているという。筋肉をつけたい人、ダイエットしたい人、体のラインを再デザインしたい人などに最適のプログラムや食事メニューを組んで、1人ずつ指導する仕事だ。

仕事がフィットネスならマッスル自慢も仕方ない。だが、「もしかしてそれって好みのお客さんと遊び放題っていうこと？」という疑惑もふつふつと湧き上がってくる。

ジムのトレーナーがそこそこイケメンならすごくモテそうだし、気に入ったお客さんが来たらいくらでも誘うチャンスがありそうだ。イケメンかつ筋肉に自信があるスポーツインストラクター系の男性は、割とカジュアルな遊び人が多い気がする（あくまで個人的偏見）。

迷いがありつつも何度か会ううちに、シンさんはやさぐれていた過去についていろいろ話してくれた。高校を出てから上京して1人で生きていくために黒服やバーテンダー、ホストと水商売をなんでもやった。甘めの童顔なので年上の女性に可愛がられることが多く、家に居候させてもらったり生活費を出してもらったりしていた。お笑い芸人になったのもそういう年上サポーターの支援のおかげだったという。

「でも年齢的な限界を感じて……。トレーナーの資格を取ってこの仕事を始めたら予想以上に面白くなった。そろそろ落ち着ける相手が欲しくなったが、職場ではお客さんを誘うのは絶対禁止だし、いろいろ面倒なので恋愛は一切なし。出会いの場がアプリしかない」

最初はそれを信じていたのだが、2ヶ月経つといくつかの疑問点が出てきた。

まずシンさんの家は埼玉でかなり遠い。なので頻繁に会えないのは仕方ないとしても、週末は朝から晩まで副業で会えないという。そして週末は連絡がほとんど取れない。もしかしたら他の女性と同棲している or 既婚者 or 二股かけている？　疑惑はどんどん膨れ上がっていくが、検証の方法がない。

このまま続けて大丈夫なのか、と悩んでいる時に、ふとプロフィールの腹筋割れ写真を思い出してもう一度、アプリを確認してみた。退会していたら信じられるかもしれないと思ったのだ。が……退会していない！　それどころかなんと、マッスル写真が増えている。今度は背中のバキバキな僧帽筋と脊柱起立筋《せきちゅう》が、思い切りクローズアップされていた。そして「いいね！」が一気に200にアップしている。

私とマッチングしても退会しないどころか、逆にマッスルをアピってマッチングを増やしている！　これは完全にアウトだ。

黙ってフェイドアウトするのも腹が立つので、別れを告げる前に筋肉写真のことを追及してみた。

「退会しないし、逆に筋肉写真をアップして『いいね！』を増やすってどういうこと？」

すると「月末で課金が切れるので、その時に退会する。筋肉の写真は試しにアップしてみたくなっただけで他意はない。あんなに『いいね！』がたくさん来るとは思わなかった」という苦しい言い訳が返ってきた。

それからも同じようなトラブルを繰り返し、3ヶ月で致命的な決定打が。居酒屋で飲んだ時、あまりに頻繁にLINEが来るのでトイレに行った隙にこっそり携帯をガサ入れしてみると……。ジムの会員と思《おぼ》しき5、6人の女性から頻繁にLINEが入っていて、「昨日、登録したから、今日遊びに行くね」とか「今日、トレーニングのあと空いてる?」とか……。

つまりシンさんはアプリで知り合い、関係を持った女性をジムに入会させ、同時進行で適当に転がしていたのだ。ジムは担当顧客の歩合制だから、そうすれば客も収入も増えるし欲望も満たせて一石二鳥。本当は私もその仲間入りのはずだったのに、深い関係になる前に踏みとどまれてよかった。

あの筋肉写真は、集客用の宣伝だった。

やはり最初に抱いた違和感は正しかったのだ。おおっぴらな投資勧誘とかロマンス詐欺ではなくても、マッチングで集客しようとするシンさんのような営業詐欺は必ず一定数はいる。それに引っかかった自分も情けなさすぎるが、せめてこれを読んで反面教師にしてほしい。

ホストを始め水商売の裏を熟知しているシンさんは、飴《あめ》と鞭《むち》の使い分けに長《た》けている。結婚を前提とした交際を餌にするやり方はまさに、ホストの「釣り」とまったく同じだ。

そしてこういう相手ほど性的な関係に持ち込んで、相手を経済的にからめ捕るのが極めてうまい。性関係に進んでしまうと、アプリ外で起こるすべてのトラブルが降ってくる。プロフィールや自己紹介に一つでも怪しいと思う要素があったら、絶対に深い関係に進まないことをお勧めする。さらなるマッチング依存の泥沼にハマって、身動きが取れなくなるから。

さらにもう一つ、最近は梅毒など性病が増加しているが、これは出会い系アプリの利用によって感染が拡大したのではないかと言われている。出会い系とマッチング・アプリ、どちらにも登録して獲物を待ち構えているナンパ師も多いので、要注意だ。

婚活の展開が非性的すぎるのも性的に流されるのもどちらも問題を抱えているが、後者はよりリスキーな方向に暴走しがちなのでご注意を。

第五章

アプリ婚活の奥義・「いいね！」10以下を狙え！

1　マッチング相手が突然退会、連絡不通の謎を解き明かす

今まで目の前で楽しげにしゃべっていた人が忽然《こつぜん》と消えてしまった。リアルでそんな体験をしたら怪談だが、バーチャルでも充分に怖い。相手はアプリでマッチングした東京在住の医者のマサヤさん（47歳）だ。サーフィンとネトフリ映画鑑賞が趣味で、陽に焼けたそこそこのイケメン……だったはずだ。

もしも、あのプロフィールや写真がフェイクでなければ。

マサヤさんとマッチングしたのはアプリに入会してから半年後、かなりシステムに慣れマンネリに陥っていた頃だ。最初に向こうから足跡をつけてくれたので、条件反射で「タイプ！」（「いいね！」のもうちょっと軽い意味合い。ど真ん中、ストライク！という感じ）を送ったら「いいね！」をくれた。「いいね！」が500もついていたし、私なんかほんのワンオブゼムだと思っていたのでそのまま忘れ去っていたが、3日後いきなりメッセージ付きの「いいね！」が送られてきた。

「父が都内でいくつかメンズのクリニックをやっているので、僕も医者として働いてま

す」

最初の自己紹介で「？」となった。メンズのクリニックということは脱毛やスキンケアのクリニックということか？　いや、メンズのクリニックは他にもEDとか薄毛、不妊などいろいろあるので一概には言えないが。彼の自己紹介が本当ならクリニック・チェーン経営者の御曹司ということになる。医師、御令息、イケメン、スタイルよし、スポーツマンと、「いいね！」要素を超特盛りにした王子様ではないか。私のような平民に「いいね！」をいただけるとはかたじけなさすぎて、地面にひれ伏してしまいそうだ。

そのうえメッセージを交わしてみると、フレンドリーで貴公子で優しくて映画の知識もびっくりするほど豊富だ。最近見た面白い映画を教えてくださいと書くと、映画評論家並みに「インド映画では」「ミニシアター系では」「ネトフリのオリジナルでは」と、それぞれのジャンルの名作・佳作が解説付きで返ってきて、その詳しさ、的確さにびっくりした。

さすが医者一族の御令息。きっと何事にも最適解に到達する、明晰な頭脳を持っているのだろう。

「休みの日は部屋の掃除をやったり、車で海に行ってサーフィンをやったり。映画はアマプラやネトフリで見ることが多いかな。去年まで3年間付き合ってた彼女と別れちゃったから、淋しくてここで探そうかなと思って。職場ではまったく出会いがないし」

マサヤさんのアイコンはサーフィンボードを抱えて砂浜に立つ、爽やかな写真だ。そしてLINEのトークも相変わらず優しくてフレンドリーで上品、かつ楽しい。世の中にはこんな陽の当たる場所を独占しているような、勝ち組メンズがいるんだなーと素直に感心してしまう。

何度かLINEを交わしたその日の夜「週末、ご都合がよければ渋谷あたりのカフェで会いませんか?」とトークが来た。「ぜひ。このお店はどうですか。渋谷では一番居心地いいです」と返信を送ってから数秒後にマサヤさんのアカウントを見ると……消えている! 私の送ったメッセージもマサヤさんのメッセージも何もかも消えている。

えっ、どういうこと?

焦ってマサヤさんのアプリのアカウントを見ると、消えたアイコンの写真に「退会しました」の文字が。そして交わしたメッセージはすべてが消えていた。

呆然自失。

わけがわからずしばらく固まっていた。しかし後でこの「突然、相手が消えてしまう」現象を調査してみると、心霊現象でも別の世界線に転生したわけでもなく、アプリ全体からすると日常茶飯事的によく起こるあるあるな現象なのだと理解できた。

この「ネット神隠し」現象の裏を解説してみよう。

「退会しました」表示が出るのは、相手が本当に退会したか、解約して無料会員に戻ったか、または相手をブロックしたかのどれかしかない。

この中で突然消える理由として確率が一番高いのは3番目だ。その裏事情を説明しよう。マッチング・アプリで人気のある会員は同時に何人もの人とマッチングし、メッセージをやりとりしているので、その中で本命が決まれば、当然、他の人は切ることになる。が、いちいち全員に「今、本気で付き合いたい人が決まったので、あなたとはお別れします」なんて報告をする義務もない。黙って連絡を断てばいいはずだ。

……しかし連絡を断つだけだと、あとでまたメッセージが来て問い詰められたり、メッセージの過去ログを本命に見られる可能性がある。そこで手っ取り早く相手をブロックしてしまうのだ。そうすると相手には「退会しました」と表示され、やりとりしたメッセージもすべて消える。これまでの数々のマッチング歴も消えてまっさらにロンダリングできるというわけだ。

おそらくマサヤさんも私と同時期に数十人とメッセージをやりとりしていたが、その中の1人に「決めた！」となって、ブロックで他のマッチング相手を切ったのだ。

下手に放置したり謝ったりすると逆ギレされたり（私も経験があるが、相手のふざけんな死ねみたいな捨てゼリフがトラウマになった）、口汚く罵られたりするリスクもあるので、ブロックを使う方法は本人にとっても一番楽かもしれない。

それにしても……マサヤさんのように感じが良くて人好きのするキラキラな男性でも、株の損切りみたいにドライな感覚で、なんの予告もなくサクッとブロックするというのが衝撃的だった。今までにどれぐらいこのブロック戦略を使ってきたのだろうか？

いや、そう考えるのは私たちモテ指数の低い庶民の話で、マサヤさんのようにマッチングしすぎて対応しきれないモテ富裕層は、追いすがる女性たちからたった1人を選ぶために、毎日、何十人もブロックしなければならないから大変だ。

しかし本命の彼女ができたら、そんなことは言っていられない。「いいね！」500の大量にメッセージが来ているアカウントや、マッチング相手とのLINEのやりとりを見られたら、間違いなく遊んでいるチャラい男とみなされて破局だ。

だから相手を決めたらさっさと全ブロック、退会が正しいのだが、その都度「その他大勢」は目の前で忽然と相手のアカウントやメッセージが消えるのを見て、呆然とすることになる。普通の人間のコミュニケーションとして、こんな消え方はもちろん異常だし失礼だ。しかし、その驚きさえマッチング・アプリ依存症になって繰り返し経験すると、すっかり麻痺して不感症になってしまう。

つまり自分もマッチング・ゲームのコマの一つになったことを受け入れる、ということだ。これは進化なのかそれとも退化なのか。ただ一つ確かなのはこのゲームで起こることで傷つく必要など一つもない、この神隠しは単なるゲームの実装機能に過ぎない、ということなのだ。

2 「いいね！」の数は無視せよ。運命の相手に出会うシンプルな方法とは

アプリ歴1年半のシオリさんは、これまでに数回、LINEでトークしていた男性が突然、連絡不通になり、アプリのアカウントも消えてしまうという悲しい経験をした。

「どの人も結構いい感じで会話していただけに、毎回衝撃を受けてしまって。気が合わないとか話してみたらイメージと違っていたとか理由がわかればいいけど、一言もないので」

シオリさんは32歳、流通業界で働く会社員で、周囲で相次ぐアプリ婚に感化されて登録したという。しかし苦い経験が重なって最近は少し「虚無期」に差しかかっている。

一番ショックだったのは、一度退会したはずの相手が、別の名前で登録しているのを見てしまった時だ。アプリは入会半年も経つとマッチング率が低下するので、リセットして

入会し直す人も多い。とはいえ相手にとって自分とのマッチングは捨てたい過去なのかと、メンタルがしんどくなった。

「新しくマッチングしても、また相手が退会してしまうかもしれないと怖くなって、あまり親しくなりすぎないように警戒してしまう。楽しそうに会話してくれていても、ネットの向こうの相手が本当は何を考えているかなんてわからない」

が、この苦難の経験を乗り越えたシオリさんは、最近ようやくマッチングした男性と結婚を前提に付き合い始めた。彼と知り合ったのは、3回の辛い退会騒動を反面教師にしたからだ。

「それまではルックスとか職業とか、婚活市場の理想の男性を探して『いいね！』をしていたが、『いいね！』が100以上つくような人気のある男性を選んでも結局、相手のNo.1にはなれない。いつもキープにされて、相手に本命が見つかれば連絡を断たれてブロックされるだけ。だから選び方を変えて、地味だけど自分ならその人のいいところを見つけられそう、という男性を選ぶようにした。たとえ『いいね！』が10以下しかついていなくても、この人絶対一緒にいて楽しいと確信が持てそうな人」

シオリさんは「いいね！」する条件として3つの鉄則を作った。

「私は本やコミックスを読むのが好きで、時々本屋にふらっと行って読みたい本を探すのが好きなので、同じような趣味がある人。顔はイケメンじゃなくてもよいが何か引かれるものを感じること。『いいね！』の数が一定の数より多かったり、『いいね！』を稼ぐために足跡をつけまくるような人は、たとえ『いいね！』が来てもNGにする」

例えば医者や経営者で年収1500万円以上だと、イケメンでなくても「いいね！」は200以上つく。プロフィールの自己紹介がかなり練られていて、イケメンで性格が良かったり面白くてサービス精神が豊富なら500や1000超えもありうる。しかし感じがいい人、優しそうな人、誠実そうな人、というプチ好感触レベルなら入会2、3週間で50前後、プロフィールがうまく自己演出できていなかったり、写真が女性ウケしないと投資勧誘の業者を入れても5で止まる。

そして……シオリさんが選んだのは、入会したてで「いいね！」が3つしかないwebデザイナーの男性だった。

「『いいね！』が3の男性とマッチングしたことがなかったから、かなり不安だった。でも趣味が本屋ウォッチングでよく行く書店もかぶっていたし、しかもプロフィールは飾り気がなくて割と好感度が高かったんです。なぜこの人が『いいね！』3つなんだろうと逆に不思議になって。足跡を見て彼が『いいね！』をつけてくれたので、思い切ってマッチングしてみたらすごく相性が良くて、いいことずくめだった」

「いいね！」が少なかったのは写真が横顔だけで、収入についての記入が不備だったからだろう。だがマッチングした後で個人的にデータを送ってくれたし、相手が自分だけに向かい合ってくれるのは心地よかった。誰かと同時進行していないとわかるとこちらも安心できる。後で送ってくれた写真は、決してイケメンではなかったが誠実そうで好印象だった。

「何よりいいのはLINEで会話していても、相手が自分のことをちゃんと思っていてくれるのがよくわかること。1日かけてどういうデートがいいか計画してくれたり、行きたい店を調べてくれたり……今までとは交流の密度が全然違った。それで会ってみたら気が合うなーと思ってきちんと付き合うことにした」

彼とは結婚を前提に交際していく予定だという。

人には同調心理が働くから行列のできているレストランには並びたくなる。行列ができることが美味しさの証明だと考えるからだ。でも世の中にはその心理を利用して、サクラを並ばせる店もある。

マッチング・アプリにおける「いいね！」の数は、この行列の数程度の意味しかない。あなたはその近くにある、誰も並んでいない店のほうがずっと美味しいと感じるかもしれない。そして行列に並び1000「いいね！」の男性とマッチングすると、虚しいコミュニケーションを交わした果てにブロックされ退会されて、アプリをやめたくなるかもしれない。

そのあげく、本来出会うべきだった相性のいい相手には出会うチャンスを逃してしまうのだ。マッチング・アプリで高望みしては玉砕する人々は、この現実を知ってほしい。

実は私自身もシオリさんの出会い方に感銘を受け、彼女のセオリーを流用してみることにした。医者や経営者や年収1500万以上や、文句をつけようがないキラキラなイケメンや、IT起業で成功してトロフィーワイフを探しているような男性はすべてNG。港区女子卒業志願者が山のように群がるから、どうせマッチングしたってすぐフェイドアウトされる。こっちをキープとしてしか見ない相手に費やす時間が無駄だ。だからそこを全部スルーして、ターゲットを「いいね！」100以下に絞る。

さらに「自分なら彼の良さがわかるかも」という独自のフィルターにかける。これはアプリにある程度慣れないと難しいが、おそらく入会半年ぐらいでプロフィールの見分け方ができるようになる（これについては4で詳しく述べる）。

このセオリーにのっとって「いいね！」を送ってみた結果、驚くほどの効率で続々と良マッチングできた。

最初にマッチングしたのはクリエイターのNEOさん（42歳）。プロフィールの写真は横向きでしかも顔立ちがよくわからず、詳しい仕事も年収も書いていない。多分それがネックになって「いいね！」は2しかついていなかった。投資勧誘の業者でさえ年収が書いていない相手には、話を持ちかける手間をかけないのだ。ただ、好きな音楽や本が驚くほどかぶっていたので、とりあえず「お気に入り」に登録した。「お気に入り」というのは「あなたに好意があります」というメモ書きを渡すようなもので、ペアーズ、タップル、ウィズなど大手アプリには大抵ついている（マリッシュは「タイプ！」という名称）。

これは相手にも通知される。すぐに「いいね！」が返ってきてメッセージ会話が始まった。

メッセージのやりとりに慣れていないのか最初はぎごちなかったが、好きな書店やライブハウスの話になると饒舌《じょうぜつ》になる。仕事は小さなデザイン事務所で企業のｗｅｂサイトや広告を作っていて、ほとんど出会いの機会はないという。

「3年前、7年間付き合っていた人と別れてから、一度も女性と2人で会っていない。そろそろ彼女を作りたいと思って登録したけど、アプリ自体も初めてなので全然ついていけなくて。リアルでもネットでも無口なので、会話のキャッチボールがうまくできるか心配」

確かにＬＩＮＥの返事は遅いし、しかも無愛想で偏屈だ。これは無理かもと思ったが、メッセージで盛り上がっても会った瞬間NGということも多いので、とりあえず先入観抜きに会ってみることに。

待ち合わせは書店カフェ。いざ会ってみると、お互いに好きな作家や漫画家の話で盛り上がり、あっという間に2時間が過ぎてしまった。

それ以来、好きな作品を見つけた時に報告し合うという、オタ友以上親友未満の関係が続いている。これは今までのマッチング相手には望めなかった良関係だ。恋人や結婚相手にならなくても続けていきたい関係というのは、世の中そんなにたくさんは転がっていない。

2人目は「いいね！」が8つだったIT企業エンジニアのケイさん（41歳）だ。

ケイさんは新しいプログラミングを開発するという仕事柄、女性との出会いがほとんどなく、飲み会なども苦手だという。さらに、目的のない世間話的な電話や雑談も大の苦手。それを正直に書いたために、アプリでは敬遠されがちという。

私がそんなケイさんとマッチングしたのは、2人とも数人しか会員がいないマイナーなゲームのコミュニティに所属していたからだ。こんなオタクなゲームを好きな人が婚活をしているという驚きが大きくて、好奇心からマッチングしてみることにした。

ケイさんは高校生の頃から無類のゲームオタクだった。

「休みの日は掃除洗濯してジムで汗を流して、コンビニ飯を食べながら『猫とスープ』や『インフィニット・ラグランジュ』などマイナーなゲームをやり込むのが最大の楽しみ。このルーティンが楽しすぎて彼女がいなくても平気だったけど、最近、一緒にゲームをやってバトルしたり戦略を交換できる人が欲しくなった」

ただ、アプリにはケイさん級のゲームオタクの女性は（おそらく）ごく少数しかいない。たまたま、私は好きなゲームがかぶっていたから話が合ったが、リアルな生活でこんなマイナーなゲームファンの異性を見つけるのは絶望的に難しい。

もし学生時代に出会えなかったら、人間関係の流動性が低い社会人生活の中で出会える確率はぐんと下がるからだ。が、アプリには検索機能やコミュニティがある。何十年も探し続けていた人を一瞬で見つけてくれるのだ。

結局、ケイさんとはオタ話を楽しんだだけで恋愛やお付き合いには至らなかったが、それでもこの希少な出会いは楽しかった。

ドラマや映画は2人の出会いを、街角や旅先での奇跡的な遭遇で演出する。が、現代の出会いの偶発性は意思のある検索、つまりAIの働きが関与している。自分にぴったりの相手をAIが探し出して、ついでに出会いのセッティングまでしてくれる未来は意外に近くまで来ている。

3　整形級のメイクで奇跡の一枚に「いいね！」200　怖くて会えない

半年前、ある大手アプリに登録した会社員のリエさん（39歳）は、メールボックスにマッチングの通知を見つけて憂鬱になった。

相手は昨日、自分が足跡をつけた同世代の会社員だ。176センチ、細身で顔もリエさん好みのシュッとした細面だし、音楽や本の好みも割に近くて相性が良さそうだ。きっと会ったら自分は気に入るだろう。それなのに……。

「今度はどうやって会うのを断ろうか」

いつものようにそう考えている自分がいた。

去年、リエさんがプロフィールにアップしたのは、人生最大に盛れた別人級の「奇跡の1枚」だったのだ。今年を逃したらもう婚活も難しいかもしれないと、写真の撮影にはかなりの時間とお金をかけた。

まずは美容クリニックで目元や口元にボトックスを入れて5、6歳若返る。それからヘアサロンでセミロングの髪色を暗めの清楚系に戻し、メイクは2時間以上かけた。肌のくすみや目の下のクマをコンシーラーでカバーし、奥二重をテープとマスカラ、アイラインで元の目の大きさの2倍はあるバッチリ二重にして、そのうえ、体型補正下着で胸を1・5倍にしたという。ライティングを万全にしたスタジオでプロに撮ってもらった写真は、もはやリエさんとは別人級に盛れていた。

「その盛れすぎた奇跡の写真をメイン写真にしてしまったので、『いいね！』はすぐ200近くついた。みんなにきれいすぎて一目惚れした、こんな美人さんと一度でも会ってみたい、と言われれば言われるほど荷が重くなって。会うたびに2時間フルメイクしたとしても写真と現実は整形級に違う」

もう少しいつもの顔に近いものにしておけばよかったと後悔したが、今さら、写真を替えるわけにもいかない。

リエさんには容姿コンプレックスがある。

子供の頃、周りに「お姉ちゃんはママそっくりで美人。リエは誰似？」「顔の系統が全然違う」と言われ続けて傷つき、成長しても容姿コンプレックスが抜けなかった。

「だから恋愛でうまくいかなかったり、採用試験に落ちるたびにやっぱり顔のせいかも、と思ってしまう。美人の姉や友人が周りにチヤホヤされて、職場でも男性上司に優遇されているのを見ると、どうせ自分なんかと卑下する感情が出てきてしまうし。そのたびに自分は価値がないと思って落ち込んでしまう」

　中学の頃、近視で目を細くしないとよく見えず、きつく見えたために「怖い」と言われたのもショックだった。すぐにコンタクトを入れて二重テープで少しでも大きく見えるように努力した。

「付き合っている彼が泊まりに来るとスッピンを見られたくなくて、メイクをしたまま寝てた。顔ばかり気にしてるから話も盛り上がらないし、退屈な女だと思われてるかもってますますコンプレックスが重なって。本当はあちこち整形をしたいけど、何百万円も貯金が貯められない」

　アプリのプロフィール写真に渾身《こんしん》の写真をアップしたのも、そのコンプレックスを跳ね返すためだ。が、「自分なんか」と卑下する感情が強いためチヤホヤされると次の瞬間、谷底に突き落とされるのではないかと逆に不安になってくるという。

　今までにマッチングした8人とは、メッセージのやりとりやLINEだけ。話が弾んで会いたいという人には、「今、別にお付き合いを考えている人がいる」と嘘をついた。何のためにアプリに入会したのか自分でもわからなくなった。

「会った後で断られたらショックが大きくて立ち直れない。またコンプレックスが深くなりそうで」

だが今回、マッチングした相手は今までの人とは少し違っていた。

他の人はみんな写真のリエさんを褒めてくれたが、彼はリエさんの入っているコミュニティがいくつも重なっていること、その中に自分も好きなミュージシャンのコミュがあったのがうれしかったと書いてくれた。それに彼の自己紹介には「一緒にいて楽な人がいい」「自分の前で自然体でいてくれる人が理想」と書いてある。

自分の現実の顔を見たら失望するかもしれないが、このまま誰とも会わずに退会するのも虚しすぎる。思い切って会ってみようかと考えている。

「まだ彼とこの先どうなるかわからないが、リラックスして自分を出せる関係になれたら。でも心のどこかで自分を好きになってくれる人なんか絶対いない、いたら気持ち悪いと思ってしまう」

リエさんは今、アイコン写真を奇跡の一枚からいつもの自分に近いものに替えるか、資金を貯めて整形手術を受けるか迷っている。

4 「いいね！」1000を集めた驚異の自己紹介文

足跡をつけてくれたK太さんの自己紹介を読んだ時、思わず二度見していた。

細身、長髪に丸メガネの浴衣を着た塩顔イケメンが、この自己紹介はずるい。

「それで結局、何をしたいかというと、あなたを笑わせたい。全力で。毎日ネタを仕込んでLINEで、夕食の時に、寝る前に、朝起きた時に爆笑させたい。いつも笑っていてほしい。笑いすぎて腹筋崩壊して何も悩む余裕もなくなるぐらい。といっても僕はお笑い芸人ではありません。ただあなたを大切にしたい、隣にいさせてほしいだけの男です」(抜粋)

絶対、気になる。話してみたくなる。私以外の人もそう思うのか、すでに850「いいね！」がついている。プロフィールの職種を見ると広告業界だ。なるほど。自分の宣伝としてこんなに秀逸な文章が書けるなんて、もしかしてコピーライターなのか？

大量にあるプロフィール写真は大正浪漫な雰囲気で三毛猫が縁側で座布団に寝転んでいたり、レトロなカフェのクリームソーダだったり、とにかく女子ウケするセンス抜群だ。さらに音楽、映画のコミュニティの多くが一致している。「いいね！」100以上はスルーと決めたのに、思わず禁を破って「いいね！」をしてしまいそうになる。

しかし最後の瞬間、いや、こんな人気者に「いいね！」をつけても絶対に無駄、と思い直した。

3日後、すっかりK太さんのことを忘れていたら、なんとまた彼の足跡がついているではないか。

それから毎日のように足跡が何回か続いた後、ようやく気づいた。

これは「いいね！」増し増し作戦に引っかかっている。

足跡ベタベタはアプリ依存症の熟練者がよく使う手だ。

雰囲気イケメンでキャッチーなプロフィール写真と刺さる自己紹介文。そして相手に足跡をつけまくるが「いいね！」は送らない。つまり相手に気になる存在として認知させて、「いいね！」をつけてもらいたい、「いいね！」コレクターなのだ。男性の「いいね！」コレクターはなぜか広告業界、マスコミ業界に多いのを見ると、やはり仕事のやり方と共通するものがあるのだろう。

彼らの一番の目的はインスタグラマーが「いいね！」数を増やしたいのと同じで、「モテイケメン」のキラキラスパイラルを増やすことだ。

つまり「いいね！」数を増やせば、自分のステイタスが上がるし、「いいね！」の多い美人ともマッチングできる。さらにアプリ内での地位、人気もどんどん上がる、という思考回路だ。

しかし、このタイプはマッチング相手としてお勧めはできない。

繰り返しになるが「いいね！」５００超えの人たちは、もともとが無理めな超絶イケメン・美女か超絶スペックの持ち主や、もしくは「いいね！」ゲットのために尋常ではない努力をしている人々だ。後者は普通の婚活とは目的の異なるマッチング依存、自己承認のためだったりするので、マッチングしてもうまくいく確率はかなり低い。だからこういう人に遭遇したら「ああ、ここにもマッチング依存症がいる」と思ってそっとしておこう。

「いいね！」の数は、その人の評価とイコールではない。だが年収や顔だけでなく、ごく稀だがその人の持っている人間力が「いいね！」に換算される場合もある。一番きちんと人間力をチェックできるのはやはり自己紹介文だろう。

自己紹介文のパターンは大体、次の5つのどれかに分けられる。

①　テンプレ型。「職場ではまったく出会いがありません。FBでこのサイトのことを知って登録してみました」「婚活はまったくしていなかったのですが、友達から聞いて登録してみました」「周りには優しすぎる、誠実で裏表がないとよく言われます」というよくあるコピペの応用だ。大切な情報は何一つないので、このタイプは圏外。

②　自信に満ちたオレオレ型。そこそこ成功者にありがちな仕事の実績を並べて俺って

こんなに凄い、こんなに業績をあげたと自慢したあげく、君の美味しい手作り料理が食べたい、俺の健康管理よろしくと宣言する昭和アンチフェミ。ぐったり疲れる。圏外。

③ 役所の書類型。必要最小限の情報しか書かず、人間性を判断するのに必要なデータは一つもない。写真も毛穴全開の恐ろしいドアップか、ボケていたりマスク顔だけが多い。圏外。

④ ステマ広告型。「気になったら足跡をつけまくるかも！」『いいね！』をくれた方全員に『いいね！』を返します」「とにかくマッチングしてみませんか？」。ステマ広告のキャンペーンかと思うぐらい毎日しつこく足跡をつけて、「いいね！」を稼ぐ自己承認欲求強めタイプ。疲れる。圏外。

⑤ 等身大型。彼女と別れた、離婚した、人付き合いが苦手、オタク……などネガティヴに捉えられるリスクも含めて率直に書く正直タイプ。地味だがそれなりに個性も伝えようとしている。「いいね！」数は少なめだが話してみると意外に居心地のい

い良物件が多し。圏内。

5つの中でマッチングの最適解は⑤だけで、あとはすべて邪道だ。自分の内面でパートナーの存在の意味をきちんと位置づけており、いい関係になるための努力がちゃんとできることが必要最低条件だろう。

①から④まではただ「周りが結婚するから自分もそろそろしたい」「老後、不安だから今のうちに嫁さんを探したい」『いいね！』をコレクションして自己肯定感を補完したい」「家事や介護を手助けしてもらいたい」……など、結婚を便利な耐久家電のようにしか思っていない人々が多い。

彼らとマッチングしても貴重な時間をゴミ箱に捨てるだけなので基本スルーする。

これまでに私が見た中で最も「いいね！」が多かったのは、失礼ながらルックスはごく普通で経営者でも医者でもなかったが、自己紹介にどんなに自分が将来のパートナーを心から求めているか、唯一無二の存在として大切にしようと思っているかを切々と誠実な文章で書いていた男性、ダイさんだった。

その大意はこうだ。

「僕が探しているのはたった1人との出会いだけです。僕はそれほど高収入でもイケメンでも一流企業に勤めているわけでもないのですが、誰にも負けないと約束できることが一つだけあります。それは出会えたあなたを世界で一番、大切にするということ。

悩んでいるならその悩みを僕が半分背負います。もしあなたがシングルマザーなら、一緒にがんばってお子さんを育てましょう。何も1人で抱え込まないでください。なんでも僕に分けてください。2人で生きるってそういうことですよね。もし分けてもらえるのなら、僕があなたを笑顔にします。もしあなたとお付き合いすることになったら、この約束は何があっても果たしたいです」(抜粋)

パートナーにそこまで大切に思われることに価値を見つけた結果が「いいね！」になったのだろう。さらに文章には謙虚さ、誠実さ、相手への思いやりと優しさがにじみ出ていた。

「いいね！」の数はなんと1000超え！

ダイさんは38歳で未婚、一人暮らしの流通会社で働く会社員。写真を見る限り爽やかで誠実そうだし、「いいね！」の数を増やすことに命をかけているタイプには見えない。

ちなみにダイさんに「いいね！」を送ろうとしたら、「現在、マッチングした方とお付き合い中なので活動は休会中です。新しい『いいね！』はご遠慮させていただきます」

目からウロコだ。こういう誠実な人だから人柄が文ににじむのだろう。

その後のやりとりで、ダイさんからこんなメッセージをもらった。

「8年前、恋人と死別してその後、誰とも付き合う気になれかったが、妹に勧められて入会した。でもやはりいい加減な気持ちでは付き合えないので、自己紹介文できちんと覚悟を宣言した。こんな重い自己紹介でマッチングしてくれる人がいるかと不安だったが……。付き合い始めた彼女と相談して、アプリは退会する予定」

確かに誰かとマッチング交際しているのに、次々にマッチングを成立させるやつって本当に信用ならない。本来ならアプリは2人で退会するのが目的だ。なのに交際を始めても退会しないこと自体が、心のどこかで相手を「交換可能」と考えているからだろう。次に付き合う相手を確保した時点で、トカゲの尻尾のように切り捨てる鬼畜もかなりいる。

それを変だと思えなくなるのは、すでにマッチング依存がかなり進んでいる証拠だ。所詮、ゲームとはいえ、やはり最後に勝つのは人間力や素直に相手を求める気持ちだ。どんなにイケメン、美人でも毎日見ていれば飽きるし、たとえ年収1500万でも浮気されまくったりメイド扱いされたりしては耐えられない。

とにかく「いいね！」をする前に、自己紹介文だけは真剣に読んでおこう。

第六章

アプリからLINEへ
お約束コースの罠

1　出会いの責任はアプリが、別れの責任は自分が負う

右も左もわからないアプリ初心者だった頃、私がマッチングしたナオさんは異常に連絡マメな男性だった。ＬＩＮＥの通知は朝から晩までナオさんからのトークで埋め尽くされる。

「今、何をしていますか？　僕は帰りの電車です。今日は傘を持っていないのに雨が激しくなってきました。駅からダッシュせねば……」「今日の夕飯は何ですか？　これから近所のスーパーに行って食材を買い、夕食を作ります」「今日は海老とアスパラのパスタを作りました（写真付き）。いい味にできました！」「まだ起きていますか？　眠い……風呂で寝ないようにせねば」

連絡マメには好意を抱くが、そもそも私たちはまだ付き合っていない。

アプリからＬＩＮＥに移行はしたもののまだ一度も会っていないし、付き合おうという話さえ出てないのだ。だから日々の時間の過ごし方に興味を持てるほど、相手のことを知らない。

ナオさんは大手自動車メーカーの開発部で働いているバツイチの男性で、離婚後7年になったのを機にそろそろ真剣に再婚したいと登録したという。なんと私が初めてのマッチング相手だ。何度かメッセージを交わしてみて紳士的で真面目で誠実な対応に、LINEを交換しても問題なさそうだと思った。

だが登録したその日から高校生カップルのLINEのように、毎日20~30通ものトークが送られてくるようになった。仕事中でも通勤途中でも、ちょっとした合間に交換日記的なLINEを送ってくるナオさんに最初は好印象を抱いたものの、やがて重く感じるようになってしまった。

LINEのトークを送るペースは人によって様々だ。人によってはこちらがメッセージを送るとすごい速さで矢継ぎばやに質問を畳みかけてくる人もいるし、LINEを打つこと自体が苦痛で1日に1回がやっとの人も、既読スルーや未読をひどく気にする人もいる。

だが、最初は相手がどんなペースなのかはわからないから、戸惑いながらリプライするのだが、これが大変なのだ。特にナオさんのようにかまってちゃんタイプだと、気がついたら一日中LINEを打っていたということになる。正直、私はこういうエンドレスなLINEのやりとりが苦手だ。もし付き合うなら、次は何日……どこで会おうと決めて終わり、というのがいい。

だがナオさんのペースに巻き込まれて、少しずつ2人が付き合っているかのような錯覚に陥ってくる。やがて週末に品川駅前で会おうという話になり、海の近くのカフェで食事をした。ナオさんは休日に少年サッカーのコーチをやっていること、母が持病があり週1度、介護に通っていること、家で1人の食事は淋しいのでつい外食をしてしまうことなど日常について話し、食事代も奢ってくれた。帰り際、次の週末も夕食を食べようと誘われて躊躇した。これ以上会っても交際に至る可能性は薄いと思ったが、初心者だった私はどう断ればいいかよくわからず……。

LINEの頻繁なやりとりと休日の食事を何度か繰り返すうちに、「付き合っている」既定路線から抜け出せなくなるのではないかと焦り出した。

相手がどんなにいい人でも、マッチングしただけでは付き合う決め手にはならない。マッチングはあくまで最初のちょっとしたきっかけであって、それを生かすも殺すも、その後のコミュニケーションにかかっているのだ。アプリのシステムはお見合いの仲人ではないし、恋愛の自動孵化器《ふか》でもない。リアルな出会いと同様、選択の意思表明をしないと前にも後ろにも進めないのだ。

ある日、LINEで次に行く店を決めていた時、ナオさんがこう返信してきた。

「これから今までに名前が出た店、毎週一つずつ行っていつか全制覇したいよね。5年ぐらいで全部行けるよ」

それって、結婚を前提に付き合おうか宣言っていうことなのか？

その時、私は2人の行き違いに気がついてはっとした。

私はマッチングしたら付き合うかどうか検討を始めるスタートと考えていたのだが、ナオさんはマッチングイコール結婚相手認定、と考えていたのだ。

結婚紹介所で知り合ったのならナオさんのような考え方もありかもしれないが、アプリの場合は「マッチングをしたから、問題なければこのまま行けるよね？」というオートメーションな進行には違和感がある。

相手を選択したのは自分であってアプリじゃない。プロフィールには単に自分たちの希望を書いているだけで、2人がこれからどんな関係を築くのかアプリは語ってくれない。将来こんな場所に住んで、こんな関係になって、こんな仕事をして……という希望も叶うかどうかわからない。それでも相手を選択するということの重みは、出会いがアプリでもリアルでも変わらないのだ。きちんとそれを相手と話し合わないとスタートラインにも立てない。

もしナオさんと職場や飲み会などのリアルで出会っていたとしたら、彼と一緒の未来を選択できたのか。それは想像でしかわからないが、ただ一つ確実に言えることはどんなにプロフを充実させてもＬＩＮＥをマメに交換しても、実際に会って関係が深まらなければそれでアウトだということだ。アプリのメッセージは顔合わせの挨拶、ＬＩＮＥトークは会う日を相談したり予定を打ち合わせる業務連絡で、２人がパートナーとして踏み出せるかは会ってしっかり関係ができた時にしか決められない。

しかし、誰もが時間のコスパを良くするために、３、４日ＬＩＮＥをやって、たった一度だけ会えば交際するか否かを決められると思っている。実際はそんな程度の時間では、大雑把な個人データと皮膚感覚しかわからないからＮＧは決められるけど、ＯＫは決められない。

マッチングには「……までに交際するかどうか決めてください」という期限などない。だから無限大に引き延ばすことだって（相手が許容すれば）可能で、複数のマッチング相手と、だらだらＬＩＮＥを続けるマッチング依存に陥りやすい。５、６人のマッチングした男性に日替わりで高級ディナーを奢らせる猛禽類型女子もいるし、結婚前提の交際を真剣に探していると言いながら、次々にセフレを増やしていく鬼畜な男性も、マッチング相手をランキング制にして毎日順位を変えていく女性もいる。

彼らは単にモテ格差を利用して欲望を消費しているだけだ。

ナオさんに奢ってもらうたびに、自分もそういう依存症になってはいけないと罪悪感を覚えるようになっていった。このままでは相手を好きでも嫌いでもないのに、常に食事代を払ってもらうキープにしてしまう。ナオさんのように誠実でいい人をそう扱いたくはなかった。それに1人をそう扱ったら、何人ものマッチング相手をそう扱うようになってしまうかもしれないと、少し怖くなったのだ。

バーチャルな世界での出会いはゲーム感覚で手軽な分、気をつけないと簡単に感覚が狂う。自分がキープにされたら絶対相手を許せないのに、逆の立場で男性をキープにしてもいいというご都合主義に陥っていた。

さんざん迷った末、私はナオさんに「今はまだ決められないから、これ以上引っぱると迷惑をかけてしまう。いいお相手との出会いをお祈りしています」と別れを告げた。ナオさんは理解してくれて、毎日続いていたLINEトークのログはそこで途切れた。

出会いの責任はアプリが背負ってくれるが、別れの責任は自分で負わなければならない。あなたがマッチングしたのはゲームのキャラではなく、生身の心を持つ人間だ。

2 相手をキレさせない最低限のマナーとは？ マッチングしたら会うまでにすべきこと

2つ目のアプリに登録した頃、マッチングしたアパレルメーカーの営業職、アキさん（45歳）に予想もしないキレ方をされてしまい凍りついた。

30代にしか見えない若々しいアキさんは細身の長身のイケメンで、仕事柄ファッションのセンスも尖っている。プロフィールの好きなブランドや音楽を見てもかなり意識が高い最先端な感じで、メッセージ交換には少しビビっていた。アプリでこういうモード系のおしゃれな男性に「いいね！」をもらった記憶があまりない。マッチングしたのも初めてだ。

メッセージは仕事や住んでいる街の話で無難にこなしたが、問題のアクシデントはアキさんの誘導でLINEトークに移行した時に起こった。

「本名はタナカアキヒトです。アパレル会社の○○株式会社××支店で働いています。よろしくお願いします」

最初に名刺交換のように丁寧な挨拶のトークが来た時、一瞬、私はどう答えればいいかどうか悩んだ。マッチングしたばかりで会社名まで言われたことなんか一度もない。迷ったあげく、今までと同じように「フリーライターをしているミケです。本名よりニックネームのほうが好きなのでそのままミケと呼んでください」と送った。

だが……それが思いがけない大失敗の原因になるとは。アキさんにとってそれは許しがたい侮辱に思えたらしい。「わざわざLINEに移行してこっちがきちんと本名で自己紹介してるのに、そんなふざけた自己紹介なんてありえない。失礼すぎるのでここまでっていうことで」。クールなルックスとは真逆に怒りが沸騰してしまったのか、そんな捨て台詞を残してLINEの画面から去っていったアキさん。

私はしばらく呆然と画面を見つめていた。言われてみれば確かにアキさんの言葉が正しい気がしてきた。

もし立場が逆で、私が本名と会社名を名乗ったのに相手がニックネームしか名乗らなければ、やはりかなりムカつくだろう。場合によってはバカにしているとか、上から目線でナメている、と思われても仕方ないかもしれない。しかしフリーランスのライターは事実だ。これ以上、どうすれば怒られずにすんだのだろうか?

そう反省しながら、これまでの自分の名乗り方を検証してみる。きちんとした交際をすると決まったわけでもないから、マッチングした人すべてに最初から個人情報を教える必要はない。だから相手が詐欺業者っぽいから偽名で相手に正体を隠すとか、マッチングしても短期で終わりそうだから本名を伝えないとか、相手によって無意識に使い分けていた、と気づく。

はっとした。相手がきちんとした人かどうかを内心で測って自己紹介の仕方を決めていた……。ということは、アキさんは私が「きちんとした自己紹介に値しない人」と見切って、適当な自己紹介をしたと受け取ってしまったのだろう。

それだけ彼が真面目で、交際に対して真剣だった、ということかもしれない。申し訳ないことをしてしまった、と反省した。

でもやはり、女性の場合はリスクが伴うから、本名、住所、電話、勤め先などは、会って交際が決まってから教えるべきだと今も考えている。

これは多分、おたがいのポリシーの問題だ。

アプリに自己紹介のマニュアルはない。だから初心者のうちはしばしば「こういう時はどうしたらいいんだろう?」と戸惑う場面に遭遇する。どこまで自分の情報を開示するか、相手の身元を知りたいか、何を失礼と感じるかは人それぞれだが、最低限のマナーというものは存在するのだ。

同じ失敗を繰り返してマッチング依存症に陥らないために、誰も教えてくれない「マッチングの常識」を挙げておく。

マッチング後、アプリのメッセージですべきこと

①　マッチングしてくれたお礼を伝え、会話の流れに合わせて自己紹介（名前、年齢、家族構成、住んでいる地域、ペット、同居人の有無など）。

②　職業を教える（会社名は言わなくてもいいが、業種、職種など）。

③　趣味を教える（相手との共通項を探すと話が盛り上がる）。

④　ざっくりしたライフスタイルを教える。通勤かリモートか、就寝、起床時間などを教えると、いつメッセージを送ればいいかの参考になる。

⑤　これからの交流の仕方（しばらくメッセージをやりとりする、ビデオ通話をしてみる、LINEを交換する、近々会う）などを話し合ってゆるく決める。

LINEに移行してからすべきこと

①　相手が本名を名乗ったら自分も名乗るか、下だけ教えてフルネームは会った時に伝え

ると言う。女性はリスクもあるので本名はここでは伝える義務はない。相手に合わせ、気分を損ねないような返事を考えておく。

②仕事についてもっと詳しく教えて信頼を得る（目黒区にある中堅の建築会社で営業職をやっている……など）。仕事の大まかな内容、曜日ごとの忙しさなども伝えるとなお良い。

③家族について……親は健在か、どこに住んでいるのか。きょうだいはいるか、何をしているのか。バツのある人は子供がいるかどうか、何歳か、同居しているか、など。

④趣味についてもっと詳しく（週末はネトフリでオリジナルの映画××を見た。仲間と山にキャンプに行ってＢＢＱをした、温泉巡りをしていて東北にハマっている、など）。

⑤自分の恋愛観、結婚観、パートナー観をできるだけわかりやすい言葉で伝える。男性でこれができる人はほとんどいないが、最も大切なのはここ。

私が様々な男性とのマッチングを体験してみて一番、不足していると思ったのは⑤だ。多くの人が、伝統的・法的な籍を入れる結婚がしたいのか、事実婚で精神的なパートナーが欲しいのか、部屋を共有するシェアメイトになりたいのか、何も語らない。多分、考えてもいない。もちろん相手の希望を聞かなければ始まらないが、自分の希望を語れないと擦り合わせができない。

誰もが「いい人がいれば結婚したい」と言うが、いい人ってなんだろう。超訳すると「自分にとって都合のいい人」という意味だ。

マッチングして一度だけお茶をしたテツさんは、バツイチの49歳。離婚後10年間、働いている交通機関の仕事に打ち込んできたが、今年アプリに登録した。プロフィールには「2、3年内には結婚したい」と書いてある。

テツさんにパートナーとのどんな関係が理想なのかを聞いてみたが、「どんなって言われても」と考え込んでしまった。迷った末に、前の妻とはおたがいに仕事が忙しすぎてすれ違いになってしまったので、なるべく時間を共有したいという。だが、テツさんが結婚に何を求めているのか、今一つわからない。

そこで質問を変えて、なぜアプリに登録したのか聞いてみた。

「今までは平日、残業で夜10時まで働いて、週1の休みに関東近郊の路線に趣味の撮り鉄に出かけて……。それでよかったけど、来年50歳になるし、去年コロナになって3ヶ月後遺症が酷くて急に不安になってきた。このままずっと1人で生きていけるのかなって」

気持ちはわかるが、それは病気や老後の介護のケアを求めているのであって、パートナーを求める気持ちとは違う。もしかしたら介護士やナースと契約したほうが効率的なのでは？　しかもテツさんの希望には2人で何かをしたいとか、相手に何かをしてあげたいという部分がまったくない。

趣味の撮り鉄はパートナーを連れて行きたいかと聞くと、あれは1人で好きな電車に乗って撮りまくるのが楽しいからと首を横に振る。

テツさんにとってパートナーとは、家にいて家事をこなし彼の面倒を見てくれるオカン的な存在なのだろう。しかし今の時代、その役割を買って出る女性はレアケースとしか思えない。私は自分にはそういう役割はできないし求めている関係が違うと伝えてテツさんに別れを告げた。

もしテツさんが今も結婚に求めるものが変わらないのなら、これからも望むマッチング相手と出会うのは難しそうだ。

自分の小さな殻に閉じこもっているのが心地よくて、そこから出てきたり相手を中に入れたくはないのに結婚しても、共有できるものがなければいずれ関係は破綻する。

そういう事態を避けるために最良の方法は、マッチングの早い段階で、⑤を徹底的に話し合うことだ。

会ってからでは遅い。学歴や年収と同じぐらい、いやそれ以上に大切な要素だ。相手は本当に心で繋がれるパートナーが必要なのか、もしかしたら結婚という言葉の奥には別の不安や依存が潜んでいるのかもしれない。女性なら経済力で支えてほしい、子供が欲しい。男性なら病時や老後の面倒を見てほしい、家事をしてほしい……etc.

どんなに取り繕っていても、2時間も話せば相手が結婚に望む大体のことはわかる。

マッチング・アプリからLINEへというお約束の流れは、こうした最優先すべき話し合いのチャンスを潰してしまう。LINEは時間をかけた重い話には向かないし、細切れの会話に流されて大切な話し合いのきっかけがなくなるからだ。誰もが「重い話はどんどん引きされるから」と後回しにし、相手に嫌われない他愛もない世間話で、コミュニケーションを取った気分になっている。

マッチング後のうまくいかないパターンあるあるを紹介すると……。

日常のルーティンを死守したいが、彼氏彼女も欲しい。アプリでマッチングしLINEで終わらない世間話を続ける。おたがいにどんな関係を築きたいか話し合えないまま交際へ。だが、おたがいに自分のためにルーティンを変えてくれない相手とは続かない。破局。またマッチング→以下無限ループ。

だから私はメッセージを交わした後、ビデオ通話でおたがいの顔を見て考えていることを話し合い、それがOKならLINE交換、という流れを推奨する。男性の8割は「リモート会議のようで緊張する」「自分の顔が嫌い」とビデオ通話を拒否するが、顔を見て話せないようならどっちにしろ付き合うのは無理だ。きちんとおたがいの考えも伝え合わないでLINEをだらだら続けていても、それは婚活ではなく単なる暇つぶしにすぎない。

マッチング・アプリ症候群とはこのモラトリアムな無限ループ状態から抜け出せなくなった、永遠の婚活者たちなのだ。

第七章

自分アバター化
マッチング・アプリの誰にも言えない副作用

1　成城一軒家に一人暮らし。資産持ち富裕層の婚活

乗馬服をビシッと決めて白馬にまたがったエイジさんの姿は、アイコン写真の海でも異様に目立った。しかもその騎乗姿がブーツも帽子もジャケットも、一式高級品で揃《そろ》えているらしくかなり本格的なのだ。

どんな人なのかとエイジさんのプロフィールを読むと、「56歳。職種：経営者。趣味は乗馬、ハワイでのゴルフ、油絵、ヴァイオリン」。

どこかの貴族の末裔《まつえい》？

だって乗馬ってあの衣装やブーツを揃えるだけでかなり高額で、そのうえ馬の騎乗にもかなりお金がかかるとか……。そのうえ油絵とかヴァイオリンとか優雅すぎて生活が想像できない。顔写真は颯爽《さっそう》とした品がいいおじさまで、プロフィールを見るとバツイチの成城住まい。きっと資産家の御一族なのだろう。年収1500万に釣られてか「いいね！」も100近くついていた。

足跡をつけたその夜、マッチング通知が来た。メッセージ付きだ。

5年前に妻と死別し、子供2人は自立して、今は広すぎる一軒家に一人暮らしで食事もハワイ旅行も淋しくて虚しいと書いてある。

何度かメッセージを重ねて会ってみると予想通り土地持ちの資産家で、小さな会社のオーナーでもあって働かなくても資産は充分あるらしい。

「妻も亡くなり息子や娘も独り立ちして経営の仕事も後輩に任せたので、趣味に打ち込もうと思ったが……。もともとが無趣味なので絵を習ったり乗馬をやったり、何をしてもあまりうまくいかなくて。馬はまだ1人ではまたがれない正真正銘の初心者。実力がないから、せめて形から揃えようと高い乗馬服を一式揃えたが、腰痛で2回しか通っていない」

エイジさんはそう苦笑する。白馬の王子様は形だけだが、金も時間も自由に使える恵まれた身分というのは確かだ。

港区女子……というより猛禽類の成城女子が群がる格好の標的になりそうだが。

「僕は足立区とか埼玉とか家が遠い人とは面倒で付き合えない。だから成城から徒歩圏内か車で15分以内のエリアでお相手を探している」

え？　となると成城高級住宅地圏の住人しか無理な気がするのだが（しかも私は成城から徒歩圏内どころか電車で1時間以上）。

そしてさらにエイジさんの背景を聞いてみると、遺産相続で揉めたくないので相手もある程度、資産がないと難しい、と言う。つまり成城近辺に住む資産、土地持ちの富裕なお家柄のお相手を探しているわけだ。そんなやんごとなき女性がマッチング・アプリなんかで見つかるのだろうか?

その高くそびえたつ条件を、最初からプロフィールに明記しておいてくれないと無理!これまでのマッチング・デート歴を聞いてみると、あまりお気に召さなかったご様子だ。

「みんな家が遠いし、バツイチでスーパーのレジ打ちのパートをしているとかナースさんとか、話は楽しかったけどまったく条件に合わない。家が川越《かわごえ》とかだと会いに行くだけで1日が終わってしまう」

あまりに条件が厳しすぎる。窮地のヒロインを助けに来る白馬の王子のアカウントはこの際丸ごと捨てて、成城居住、資産・土地持ち女性限定という条件で、結婚相談所に頼むほうがよさそうだ。

アイコンの自己演出が過ぎたり真逆だったりリアルな自己像と離れていると、マッチングもいい結果にはならない。

この問題はインスタでリアルとはかけ離れた、キラキラな自己演出した投稿ばかりするインスタグラマーたちの空虚さにも繋がる。私はこの現象をアバター丸投げ化と呼んでいる。例えば女性にウケるマーヴェリックみたいなパイロットの制服を着た写真や、筋肉を見せてフィットネスをする写真をアプリのアイコンにすれば、そのインパクトだけでかなりの「いいね！」が稼げる。だが仮にそれでマッチングできたとしても、うまく付き合っていける確率はかなり低い。アバターのバリューがひとり歩きしても、近くで見るとその後ろに隠れた本人を逆に小さく貧相に見せるからだ。

もう1人、プロフィールのアバターとのギャップが大きすぎて衝撃を受けた人がいる。千葉のスポーツスクールで働く47歳のマークさんだ。アイコンの写真は青空の下で純白のテニスウェアを着てラケットを持って立っている笑顔の若々しい男性。小麦色に日焼けしていて白い歯が眩《まぶ》しく、青春映画の一コマのように爽やかでかなり目立っている。

そして自己紹介は「××のスクールでテニスのインストラクターやってます。休みの日も自分の練習や試合に打ち込んでいて、テニス一筋でまったく出会いがないので登録してみました。結婚まで視野に入れたお付き合いができる人を募集しています」。

今までにないスポ根系だ。きっと汚れていない誠実な人に違いないと期待して「いいね！」を送る。マッチングしてからのメッセージは普通の自己紹介で始まり、3つのスポーツクラブを掛け持ちしていること、朝から晩までのレッスンで休みが月に3、4日しかないこと、それでも時々、べテランの試合に出て上位入賞することなど教えてくれた。ここまでは予想通りのスポーツ熱血キャラで好印象。

しかし一つ、大きな疑問があった。

テニスのインストラクターは一般的にモテる。テニスだけでなくゴルフもフィットネスも、生徒に信望があってカッコいいお手本を見せられる「先生」は大抵モテる。特に初心者や主婦、若いOLなどが多いクラスでは、ルックスはそこそこでも先生の御威光で取り巻きができることが多い。だから自分の生徒と付き合ったり結婚したりする人は多い。

マークさんは千葉の名門のスクールで専任コーチとして教えているし、サッカー日本代表の前田大然選手に似た濃い目の顔立ちもガッチリしたスタイルも体育会系っぽい感じで、テニスへの情熱は現役選手並みに熱い。初心者や高齢者にも真剣に教え、信望も得ているという。

そんなモテ要素がたくさんありながら、なぜ47歳まで未婚だったのか？

LINE移行してから3日目、レッスンが休みの日にカフェで会おうということに。だが残念なことにその日、マークさんのイメージが変わってしまった。良くないほうに。

彼が爽やかなスポーツマンから一変したのは、私の疑問を本人にぶつけた時だ。

「コーチってモテますよね？　なぜ今までシングル一筋だったんですか？　独身がポリシ

ーだったんですか？」。するとこんな答えが返ってきた。

「テニスコーチは給料が安いから、掛け持ちしてもボーナスがない分会社員の年収とは違う。がんばっても400万円ちょいぐらい。嫁さんが高収入でないと子供を養うのも大変だし……それに俺はいつも2番目の男だから」

一瞬、「2番目の男」の意味がわからなくて、もう一度聞き返す。

「都合がいい男というか、相手が暇な時だけ呼ばれるみたいな……。そういうのが多くてもう慣れてるけど」

暇な時だけ呼ばれる……ピンときた。つまり生徒の主婦の不倫相手として夫がいない日、呼ばれるということだ。マークさんに確認すると曖昧にぼかしていたが、否定はしなかった。スクールの生徒の不倫相手。あまりにもありがちな話かもしれないが、「スラムダンク」や「テニプリ」のように爽やかで誠実と信じてマッチングしたスポーツマンが、人妻の浮気相手とは残念すぎる。

マークさんとはもはやこれまで、と考えていた矢先、さらなる打撃が襲ってきた。2日後の深夜、突然LINE電話が……。「レッスンのあとマッサージをしてもらった。今終わったんだけど、これから君の家行ってもいい？　車で行くから住所を教えて」

最大限にギョッとした。テツさんとはまだ一度、カフェでお茶をしただけで、次に会うとも付き合うとも約束していない。なのに突然家に行くよってどういうこと？

「これからってもう深夜ですよ。わかってます？」

「うん。明日はレッスン休みだから泊まれるよ」

ついに本性を現した恐怖のヤリモクコーチ。つまり、これは彼がいつも生徒の主婦や取り巻きたちに使っている誘い方なのだろう。結婚相手を募集と言いながらマッチング相手にもこんな方法を使うとは。爽やかな青空の下のスポーツインストラクターというアバターで、これまでどれぐらい婚活女性を罠にかけたのか？

誰もが目を留めるほどキラキラすぎるアイキャッチなプロフィール写真を見たら、「いいね！」をする前に立ち止まって考えてみてほしい。それは最大限にイメージを美化させたアバターであって、あなたが会うのは美化を剝《は》がした「中の人」なのだ。

2　熟年離婚が過去最多　反省なし、乗り換え婚を狙うバツイチたち

「パートナーにはいつも綺麗で可愛くいてほしいし、幸せでいてほしい。旅やカフェ巡りなど2人で楽しいことをたくさんしましょう」

メッセージ付きの「いいね！」をもらってプロフィールを見ると、58歳、3年前に熟年離婚してバツイチという黒縁眼鏡の男性、ソウタさんだ。貿易関係の会社を立ち上げ、今はそこの顧問をしている。数年前に離婚して飼っていたミニチュアダックスも妻に連れていかれ、息子も一人暮らしを始めて、淋しさに耐えかねてアプリを始めたという。

私も犬コミュニティに入っていたせいか、メッセージのこんな一文が目に留まった。

「犬を飼いたいのですが、残念ながら住んでいるマンションはペット禁止です。一緒にお気に入りの犬カフェに行って犬友になりませんか？」

確かに犬・猫カフェは1人より2人のほうが楽しい。誘いに乗ってみたくなり、「いいね！」を送ってマッチングしてみた。LINE交換のあと少しトークを交わして早速、新宿の有名な犬カフェでのミーティングを約束した。

犬カフェは初体験だったが、写真を撮ったりボールや玩具で遊んだりする時間は文句なしに楽しかった。ソウタさんは寡黙だがカフェだと犬ファーストで優しく、それなりに好感触だ。

その後、近くのスタバへ。

一つ、ソウタさんの離婚歴についての疑惑があった。冒頭のメッセージのようにパートナーを大切に思っているのなら、なぜ妻と熟年離婚することになったのか？　もちろんどんなに大切にしていても人の心を一か所に留めておくのは難しい。だが最も多い熟年離婚のパターンは子育て期、家庭を省みなかった夫への溜まった鬱憤を、子供が巣立ってから爆発させるもの、と考えられている。

人はそんなに簡単には変わらない。特に家庭で一番近い人に見せる部分は、その人の本質が現れる。つまりパートナーの幸せを第一に考えているというソウタさんの言葉が、単にマッチングを増やすための宣伝文句か本心からのものか、それを確認したかった。

単刀直入に離婚の理由を聞くと、「妻が卒婚すると言ってきたから」。

ソツコンが卒婚だと気づくまで数十秒間かかった。

「妻がカウンセラーの資格を取ったのでこれからはそれを生かして働きたい、これ以上、あなたのお世話役はできないと、捺印《なついん》した離婚届を手渡された。一人息子は就職して恋人と一緒に住んでいる。もうこれ以上、一緒にいる必要がないと言われショックだったが、妻の決意が固かったので受け入れざるをえなかった」

離婚届を出した1週間後に3つのマッチング・アプリに登録した。誰もいない家に住むのは淋しくて耐えられないから、そのうちまた犬か猫を飼いたいと思っている。

奥さんとの関係は良かったのか、子育てや家事を手伝ったのかと聞くと、少し考えてから「子供が生まれて高校生ぐらいになるまで会社が右肩上がりに成長して、出張で全国を飛び回っていた。実は出産の日も海外にいて。息子の学校の行事もほとんど行けなかったし、妻が仕事に復帰したいというのも無理と断ってしまった。経済的には僕が働いたほうがずっと稼げるし……。でもそれをずっと根に持っていたらしくて」。

妻を幸せに、どころではなく完全に契約ハウスキーパー扱いだ。仕事復帰への希望も無視するなんて人格として認めていないし、根に持つのは当然では？

「今は当時、奥さんにしたことを悪いと思っているんですか？」

「まあその頃はそれが普通だったし。周りもみんな妻が仕事を辞めて子育てしていて、それが当たり前だったから。でも今は時代が変わってそれじゃ女性に嫌われる」

どう見てもソウタさんが反省しているようには見えない。周りの目さえなければ昭和の夫婦関係でいたいタイプに思える。

そこでチェックシート方式でいくつかの質問をしてみた。

Q　料理はできますか？　自炊していますか？／A　たまに。作れるのはレトルトのパスタぐらい（それは作るとは言えない。温めるでは？　それでも作らないよりマシ）

Q　パートナーができたら洗濯、掃除などは当番制でやりますか？　任せますか？／A　仕事があるので週末なら

Qパートナーが風邪で熱を出して寝込んだら何をしますか？／A コンビニやドラッグストアで風邪薬や体に良いものを買って帰る（病院に連れて行こう）
Q区の粗大ゴミの出し方を知っていますか？／A 知らない。業者を呼ぶ
Q好きになった相手がシングルマザーだった場合、一緒に育てていこうと言えますか？／A 仕事をしているので夜か休日なら協力できる（一番協力してもらいたいのは平日）
Qパートナーが将来、病気や怪我になった場合、サポートしていく自信はありますか？／A 病気の程度によるが、仕事を辞めると収入源がなくなるのでできる範囲で

この回答はバツイチ熟年男性としては一般的なものだろう。

仕事は第一線は退いているものの、経済的にまだ現役で働かなくてはならない人が多く、悠々自適とまでは言えない。本音を言えば背後で支えてくれる嫁さん的な存在がいいが、あからさまに家事を要求するとバッシングされるので、妻ファースト的な演出をしているというところだ。

しかし、本性は隠せない。

カフェで料理の話になった時、ソウタさんが不意にこう聞いてきた。

「食事は自炊ですか？」

きたきた。料理のスキルチェック。もちろん毎日、自分で作ります、と言うと、目をキラキラさせて「どんなものを作るんですか？」。

「一番多いのは和食ですね。ヘルシーで油も使わないし美味しいから。魚や野菜のロースト系とか煮物とかが多いです」

おおっ、という感じでソウタさんが身を乗り出す。釣られた。

「食べてみたいなー。ミケさんの手料理。いつか食べられる？」

いえ、食べられません。家にも呼びません。相手に家事メイドを期待している人は必ずこのリアクションをするので、そこで切ります。

もしここで「冷凍食品やコンビニのお惣菜ばかりです。セブンの筑前煮とファミマのモツ煮込みとローソンのプレミアムロールケーキが最高ですよね」と言ったらどん引きするのだろうか？

さらにどんな結婚生活を求めるのかについて尋ねると、仕事でシンガポールやインドネシアによく出かけるが1人では淋しいしやることがないので、一緒に行ってほしいという。人によっては「すてき、海外に連れて行って遊ばせてくれるなら最高」と思うかもしれない。だが、私は「求める結婚生活」について聞いたのに、ソウタさんは「妻に何をしてもらいたいか」を答えている。料理を作ってほしい。出張に同行してほしい。多分、家事もすべてやってほしい。結局、ソウタさんにとって妻とは「自分を支えるサポーター」なのであって、相手のサポーターになる気などまったくないということだ。

うわべはパートナーを大切にすると言葉を連ねても、相手が何をしようとしているのか、何を求めているかには興味を持たない。今のままでは、離婚した元妻との生活を繰り返してしまうリスクが高そうだ。

残念なことだがソウタさんのように、妻の内面や人間としての側面にまったく関心がないという熟年男性は本当に多い。これが2021年、熟年離婚が離婚件数の21・1パーセントを占める3万8968件と史上最高に多かった一つの理由だろう。

熟年離婚の背景にはコロナによる共有時間増加のストレス、女性の経済的自立化、高齢化による老後の伸長、離婚時年金分割制度のスタートなどが挙げられる。要するに妻が夫に「もうこれ以上、あなたと一緒にいるのが耐えられない」「老後の世話なんかまっぴら」と三下《みくだ》り半を叩きつけたということだ。

アプリでの取材でも、ソウタさんのように熟年離婚でバツイチになった男性たちにたくさん出会った。彼らに共通する特徴は妻を人間としてではなく、自分の人生で無制限に利用できる耐久消費財としてしか見ていなかったということだ。だから妻が2人の関係に何を求めているかにまったく関心を持とうとしない。プライオリティの最上位にあるのは常に会社や組織の中での自分の立ち位置で、一番近くで支えてくれる妻の感情は「面倒くさいもの」「聞き流すもの」として最下位に追いやられてきた。

その結果、育児や家事、夫の世話すべてをワンオペで妻に背負わせ、一番助けを求めている辛い時に手を差し伸べようとしなかったツケとして、子育てが終わったら縁を切られてしまう。

こうして大量生産されたバツイチ熟年は離婚を経ても反省しない。なぜなら、彼らは右肩上がりの経済成長の中で高い下駄を履かされ、結婚すら企業戦士を底上げするものと教え込まれてきた最後の世代だからだ。一種の宗教のようなこの会社教の刷り込みは、よほど知性を鍛えないと自ら抜け出すことが難しい。

こうして妻に去られた反省すらいまだにできない熟年男性たちが、マッチング・アプリで今度は自分の老後の世話と介護をしてくれる、奇特な妻を探そうとしている。残念ながら、バツあり熟年男性がよほどの資産家か年収1500万円以上の経営者でもなければ、そんな残念な役割を引き受けてくれる女性はどこにもいない。もしある程度以上の対価と贅沢な暮らしがあれば、ハウスキーパー兼介護士に就職を希望する女性がいるかもしれないが……。

同じ熟年離婚者でヒロさん（57歳）のケースはさらに壮絶だ。

「いいね！」をもらったヒロさんのメッセージには、「価値観の違いから長い別居生活の末に、先月、離婚したばかりです。心機一転これからの新生活を一緒に歩いていける人を探しています」と書いてあった。元家電メーカー勤務で、今は系列の子会社に移った。マッチングしてLINE後、渋谷のカフェで会ってみると、微笑んでいるプロフィールの写真より15歳は老けて見える。目の下に刻まれたクマのせいなのか。一瞬、写真詐欺、という言葉が頭を過《よぎ》ったが、離婚の心労のためかもしれないと善意で解釈することに。

世間話のあとで離婚について聞いてみると、想像以上の答えが返ってきた。

「息子や娘が成人して家を出てから9年間、家庭内別居で妻はまったく口をきかず、ほとんど顔も合わせなかった。もちろん寝室は別々で、同じ家にいても何をしているかわからず食事も近くのスーパーから惣菜を買ってくる感じで。子供が受験の頃、教育やしつけでぶつかってからずっと冷戦状態で、結局元に戻らなくて」

そしてコロナ禍になり、ヒロさんのリモート勤務がさらに関係を悪化させた。

狭い寝室ではリモート会議がやりにくいと、一日中、ダイニングで仕事をしているヒロさんに苛立ちが溜まり、ついに妻が離婚届を突き付けたのだ。55歳でもらった退職金は財産分与で半分を妻に渡した。

「離婚の手続きが終わったのは先月だが、気持ちの中ではもうとっくに関係は終わっていたので、一刻も早く次のお相手を探したかった。さすがにトラブルになるので大きな声では言えないが、離婚前から友人に紹介してもらったりアプリに登録したりもしていた」

聞いていて赤裸々な人間関係に目眩《めまい》がした。これは車の買い換えの話なのか？　30年近く連れ添った妻との離婚前に次の妻を探すというのはすごい。まあ不倫に比べればどっちもどっちだが。

マッチング・アプリにはこの「離婚前にあらかじめ次のお相手を探しておき、即乗り移れるようにしておく」という乗り換え婚組が少なくない。長年、相手に不満を抱いていたが別れる決心がつかなかった妻や夫が、とりあえずアプリで今以上にいい相手と出会ったら乗り換えて離婚、再婚をしようという作戦だ。

だが、そんなことが可能なのか？　アプリは独身でないと登録できないはずだが。

もちろん大手アプリは既婚者が独身と偽って登録するリスクを防ぐために、独身である証明書を受け付けたマークを発行しているが、これは強制ではない。だから身分証明さえ受理されてしまえば、既婚者が独身と偽って相手探しをすることは充分可能なのだ。

現にこれまで既婚者がアプリで不倫相手を探し、トラブルになった例は数え切れない。

乗り換え婚の希望者たちがアプリの死角をついて再婚相手を探すのは、許せないととるか仕方ないと考えるか。それは人それぞれだが、私自身はそういう人々とのマッチングは

100パーセント無理だ。

もう限界。別れたい。だが1人になる淋しさや経済的な不安定さには耐えられないから、新しい相手という保険をかけてから離婚を切り出そう。常にそんなパートナーに依存していたい脆弱《ぜいじゃく》な気持ちを、どうしてもグロテスクで不快に感じる。

もし自分のパートナーが関係を修復する努力もせずそんなことを考えていたら……到底いたたまれない。しかし一方で、経済的な貧困のためにモラハラ夫と別れられずにいる女性が、アプリで新しいパートナーの助けを求めるというのならもちろんありだ。

その場合はアプリがセーフティーネットとして機能することになる。この多様な利用法ができるところがアプリの画期的なところなのだ。

AIによって好みや検索などのフィルター機能が働くアプリでの出会いは、使い慣れるにつれて鏡として機能するようになる。相手を人間として尊重できる人にはそういう相手が、取り替え可能な耐久消費財と考える人にはそういう相手が寄ってくる。

ではソウタさんやヒロさんはこれから、望んでいる再婚相手とマッチングできるのか。

この20年間で女性の意識は画期的に変化した。熟年離婚をされた男性側はポジショニングとしての結婚幻想を捨て、生活パートナーとしての魅力やスキルを磨く努力が必須だ。それができなければよほどの富裕層でもない限り、アプリ婚活が実を結ぶことはない。

3　出会いはあるが恋愛はないゲーム脳マッチング

10人目ぐらいでマッチングしたMMさんは「いいね!」が95ついており、アラフォーの結婚相手としてそれなりに人気のある男性だった。

49歳。外資系の金融企業で管理職として働いていて、目黒区のマンションに住んでいる。6年前、妻とは死別しており子供はいない。細身の体にはメタボの兆候は見当たらないし、爽やかで感じは良く海やけした顔は小麦色だ。年収は約1000万円、趣味は読書と映画、ウィンドサーフィン。有名私大を出ていて性格は優しく紳士的で英語、ドイツ語も堪能だ。さらにデートの時も相手の希望を尊重してくれるし、押し付けがましさも一切ない。

おそらく結婚紹介所などではかなりの上位人気候補になるはずだ。

が、それなのに……メッセージを重ねてLINEに移行し、白金のおしゃれなカフェで会っているのに、そのカフェも白金マダムに人気のレジェンドな店で窓から瀟洒《しょうしゃ》な並木道も見えるし、演出は完璧なのに……ときめかない。

一体なぜ?

マッチング依存に陥って、虚無になってしまったのか？

いや、思い当たることが一つある。

アプリの使い方の話題が出た時にMMさんに今までどれぐらいの人数とマッチング・デートをしたかと尋ねた。その時、MMさんは「5、6人と会った。今もLINEで繋がっているのはあなたの他にもう1人だけいます。同じ業種で話が合うので」と正直に答えた。その瞬間、MMさんへの期待値がいきなりガクンと萎えて、心の中でスイッチが省エネモードになったのを感じた。アプリは同時進行が当たり前だし、何人と会っていようがLINEを交わそうが当たり前とみなされる。MMさんもただ正直に伝えただけだろう。だが、それをあからさまに言われると、かなり複雑な気持ちになる。

つまり、恋愛になるかもしれない可能性が、瞬時に「ゲーム」に変化するということだ。複数の相手とやりとりしていれば無意識に心の中で優先順位がつくし、天秤にかけることもあるはずだ。だからこちらも同じように身構えてしまう。

これがマッチング依存症の最大の副作用である。

誰と会っていても自分が相手にとって唯一無二ではなく比較される存在なので、心理的には採用試験とよく似ている。そこから付き合っていつか恋愛モードにシフトチェンジしたとしても、やはり心のどこかにこのステージをクリアできるか否か、というゲーム感覚は残る。それでも勝ち抜いてめでたく結婚まで行きついたとしたら。幸せ、というより「ゲームをクリアした！」という達成感が湧き上がるのではないだろうか。

結婚にどうしても恋愛が必要なわけではない。見合い婚も紹介婚もマッチング婚も、恋愛やときめき抜きで幸せになれるならそれでいいはずだ。

しかし。一つ問題がある。

恋愛やときめきというエモーショナルなモチベーションがないと、人は目の前の課題を遂行するのがより難しくなる。つまり結婚まで行きつく勢いや起爆力が希薄になるのだ。だからその場合は岩にしがみついてでも結婚したい、このゲームに勝利したいという強い意志が必要となる。

では私は今、MMさんにその気持ちが持てるのか、となると考え込んでしまう。
①相手に恋愛感情を持っているか、②何がなんでも結婚というファイナルステージにたどりつきたいか、③もしくは2人なら幸せな（または楽な）生活が見えるのか。
この3つのどれかに当てはまればOKなのだが。

残念ながら今回はどれにも当てはまらなかった。

これは私が贅沢なのか。変人なのか。世間や人生を舐《な》めくさっているのか。

いや、そうではない。MMさんが他のマッチング相手と私を比較検討している時点で、もう①、②、③の可能性は全部消えた。比較検討される存在は、人生のパートナーではなく耐久消費財だ。だから私は単に、MMさんの所有する、取り替え可能な消費財になりたくなかっただけだ。さらに私自身もそういう消費財は欲しくない。

となると、マッチング修業がまだ足りないということなのか。一体何人とマッチングすれば耐久消費財になることを受容できるのか。そして、そもそもパートナーを消費財と考えない男性（女性も）がアプリに存在するのか。

私自身がすでにマッチング依存化している！　そんなありがたくない気づきに、思わずため息が出てしまった。

しかし本格的な依存症の中には、こうしたアプリのゲーム性を確信犯で楽しんでいる人もいる。マッチングして話を聞いた通信系企業で働くノアさん（45歳）もその1人だ。彼はこの2年間に5回、入退会を繰り返したが、その目的は自分のプロフィールを目立たせてマッチングを増やすため。新規の会員のアイコンはｎｅｗと表示されて目立つ場所に置かれるので、足跡やマッチング数がかなり増えるのだ。

身長178センチで筋肉質、顔もそこそこイケメンで学歴も一流私大のノアさんには、新規入会すると必ずかなりのマッチングがあり、その中にはワンナイトやセフレ的な関係OKな女性も一定数いるという。が、私はそれをノアさんの編み出したトラップのせいだと考えている。

ノアさんのプロフィールには「友達からお願いします。そこから結婚前提のお付き合いに発展するかも」と書かれている。これは狡猾《こうかつ》で言質をとられないずるい書き方だ。つまりワンナイトの関係でもセフレ的な関係でもそこから先に進めなかったそっちが悪い、文句は言うな、という意味が込められているのだ。

結婚前提の交際もありと匂わせているから、それを期待して深い関係になったマッチング相手を、ノアさんが巧みにセフレ方向にシフトチェンジしたのではないか？　そこを追及してみると、ノアさんは意外にもあっさり認めた。

「友達からお願いしますと書いてあるから、マッチングする人もノリがいい人が多い。飲んで話が盛り上がるとその勢いでセックスする。ただ僕は余程のことがないと結婚を考えるほど好きになれないから、大抵そこで終わる」

看板に偽りありではないか。

「アプリに求めているのは人間関係の刺激。僕は生活に一定の刺激的な出会いがないと、精神的にフラストレーションが溜まってしまう。恋人がいてもおたがいに囲い込むような束縛関係は難しい」

それこそアプリの副作用の行きつく先かもしれない。固定化された人間関係を嫌い、次々に出会っては別れていく人々の中でしか生きられない究極のマッチング・アプリ症候群だ。

ではノアさんはこれから先もアプリのゲーム的な流動性の中で生き続けるのだろうか？


そもそもマッチング・アプリのルーツは米国生まれの出会い系サイトだった。だからこうしたゲーム的な側面も仕方ないことかもしれない。

元祖は2012年、米国で生まれて大人気となった出会い系サイト、Tinderだ。スワイプで「好み」と「可能性なし」を決め、好みならプロフィールを見てlikeを送るかどうかを決める。マッチング・アプリ各社の基本的なゲーム感覚の仕様はこのTinderから踏襲しているからまだ歴史は浅く、ほんの10年強だ。

日本のマッチング・アプリ各社はそれなりに特色を打ち出していて、20代、30代の若い世代、40代以上の熟年世代、バツイチやシニアなどターゲットとなる世代や属性を絞ったり、お見合いコンシェルジュがデートの日程を調整するサービス、シンママ・シンパパ支援、セキュリティ強化、完全審査制などの様々な特徴がある。どのアプリを選ぶかでマッチング結果がかなり変わってくることも確かだ。

が、どれを選んでもほとんど変わらないことが一つある。

それはアプリで知り合った関係で深く傷つくことがない、ということだ。例えばマッチングした人が何らかの理由でフェイドアウトしてもせいぜいかすり傷で、1週間も経てば「そんなことあったっけ」と忘れられる。アプリでは初めから相手にとって自分が取り替え可能な存在だと認識させられるからだ。

これはユーザーがアプリ入会後すぐに学ぶ、「選ばれないのは自分のせいじゃない。偶発的な競争原理のためだ」という感覚のおかげだ。この修羅場がないゆるい感じが、アプリ隆盛の最大の理由でもある。

3年以上アプリを使っているヘビーな依存症のユーザー、ノリさん(38歳)は、「LINEでも相手のトークの間が空くと、きっと誰かと同時進行してるんだろうなと思う。だからこちらの返信もゆるく返すし、キープ扱いされてる時は1日ぐらい間を空けても別に問題ない。基本的に誰かとマッチングしても、本命になるよりキープにされるほうがずっと多いから、諦めてる分、気楽です。最初が恋愛から始まってないから」

本命じゃないかもしれないがとりあえずマッチングしておこう、会話を続けて様子見しよう、という微妙な距離感はアプリならではのものだ。このゲームのポイント稼ぎ的なゆるさがあるから、フラれた時もそんなに衝撃を感じなくてすむ。

そもそも恋愛の一番のリスクはもちろん失恋だ。

だが世の中には失恋保険も離婚保険もない。ある程度の年齢になれば、大抵の人たちは失恋のトラウマを抱えて生きることになるわけだが、アプリで玉砕しても「死んだほうがマシ」という気分にはほぼならない。どこかで自分の代わりにアバターが婚活してくれているような、他人事のような感覚があるからだ。しかしこの感覚がノアさんのようなアプリを巡回してゲーム感覚で狩りをする依存症を生み出すことにもなる。

4　LINEのスキルが自己承認と自己否定の分かれ道？

半年前のマッチングから細く長く続いている不動産会社勤務のショウさん（43歳）のLINEは大抵、深夜1時頃に来る。

「今、何してるの？」「最近、会ってないよね。これから飲まない？」

飲みにといってももうこんな時間、大抵の店はやっていない。つまり宅飲みしてもいいかという意味なのでいつもNOと返事をするのだが、ショウさんは懲りずに忘れた頃、連絡してくる。

ショウさんとはマッチング後1、2度飲みに行った。映画も音楽も詳しくて話は面白いしそれなりに楽しかったのだが、性格的にかなりオレオレ系でしかもアプリを利用して遊んでいることが判明したため、急遽《きゅうきょ》、友達モードに切り替えたのだ。ヤリモクとまではいかないがかなり年季の入ったマッチング依存症で、付き合ったらリスキーすぎる。

彼のコミュニケーションはかなり変わっている。こちらからLINEを送ってもまったく返ってこないことが多いが、時々、矢継ぎ早に「映画行かない？」「ご飯食べない？」と誘ってくる。会ってしばらくはマメに連絡をくれるがまたすぐ疎遠になる。

これは複数のマッチング相手と、だらだらと付かず離れずでコミュニケーションを巡回しているために起こる現象だ。つまりショウさんはこれまでのマッチング相手と会ってからもきちんと交際するかNGかを決めずに、どちらでもない関係をずっと引きずっているのだ。多分、その数は何十人にもなるだろう。

なぜそんな曖昧で面倒な関係を続けるのか？

「性格的に1人に決めるとうまくいかなくなる。『いいね！』をつけてもらってマッチングできたことで自己肯定感が持てるし前向きになれるが、結婚まではまだ考えられない。多分、自分がアプリに求めるのは、結婚してもいいぐらいの相手だと思ってもらえる肯定感だと思う」

ショウさんは3つのアプリに登録していて、どのアプリでもかなりの「いいね！」を集めている。「いいね！」やマッチングが結婚に至る過程ではなくて、自己愛の燃料になる。これぞまさにマッチング・アプリ症候群の典型的な症例だ。

彼は一度、アプリで出会った女医と真剣な恋愛をして相手と結婚するためにアプリを退会したことがある。だが、相手の女性はかなり強烈な自我を貫くタイプで、ショウさんは彼女に合わせようと努力した結果、逆に自信を失ってしまった。

「最終的には彼女に振り回されて疲れきって破局し、またアプリに入会し直した。まだ自信を取り戻してはいないが」

真剣に結婚を考えると逆に自分を肯定する手段を失ってしまう。だから余計、アプリを抜け出せなくなるという矛盾は皮肉としか言いようがない。ショウさんはなぜアプリでしか承認感を得られないのか。

「両親はあまり仲が良くなくて絶えず口論していた。それを見てきたから、自分を肯定できる夫婦のロールモデルが浮かばないのかも」

私はショウさんの自己肯定のために時々送られてくるＬＩＮＥに、どうリアクションしたらいいのか今もよくわからずにいる。

彼のような複数進行の人とのアプリやＬＩＮＥの会話は、常に細切れで中身が薄い。答えたくないものには答える必要もなく、それでも責められることもない。

しかし、マッチング・アプリ症候群になってこの会話に慣れてしまうと、普通のLINEのやりとりが難しくなる。例えば「ご飯を食べに行きたい……」と誘っても返事が来ないのがデフォルトで、返事が来た時だけ「渋谷のこの店いいよね」と返すという、相手のノリと成り行きに任せる粉かけ的な会話だ。

発信者の誘う意思はあまり感じられず、無視されても忘れられても平気だし、誰も謝る必要もない。意思を持って誘うと「断ったら悪いかも」とか「断られたら気まずい」というネガティヴな感情が発生するが、この希薄な誘い方なら空気のように消えていくだけだ。

そもそも、誘い自体にあまり意味はなくて自分が受け入れられるかどうかという肯定感が欲しいだけのメッセージなので、返信はスマイルマーク一つでも充分だ。

おたがいにこの距離感で会話をしていると、本音はほとんど伝えなくなり、カップリングしたとしても、本当の意思疎通ができなくなる。それに加えてSNSやアプリには負のリアクションを避けるネガ回避構文が蔓延《まんえん》している（ネガ回避構文とは私の作った造語だ。負の感情を呼び起こすような会話を避け、無難な会話に落とし込もうとする若い世代の特徴的な話法を指す）。

その影響で、多くの若い世代のカップルは喧嘩をしない。本音を言わないまま別れる、離婚する、という不自然な状況がすでにデフォルトになりつつある。

大手建築会社の管理部門で働くTNさん（45歳）は、マッチングのたびに自信を失うという。T工大出身でいかにも仕事ができそうな端麗な顔立ちで黒縁メガネ、ピンホールのシャツが似合い、「いいね！」の数も110とそれなりの人気だ。結婚歴はバツイチ。「プロフィールには単身赴任が長くなり、そのまま会話がなくなって離婚」と書いてある。

「いいね！」をもらってすぐにマッチング。初めまして、よろしくまではスムーズに進んだのだが、そこから先の会話がこれまで経験したことがない雪の岩山のような寒さだった。

「この時期、仕事が忙しいため、婚活のメッセージは早朝と深夜のみに限らせていただきます。ご了解ください」。最初のメッセージにそう書かれていたので覚悟はしていたが。

朝6時「おはようございます。今日はこれから上司と現場視察で新宿に行きます。タワーマンションの基礎工事で工期が遅れ、焦っています」

夜12時「こんばんは。疲れたので寝ます」

という感じのメッセージが何日か続き、LINEに移行するとさらに寒い会話に。

「おはようございます。眠いです」「こんばんは。寝ます」の繰り返しのようなトークはきっと他にマッチングしている複数の女性と同時進行だからだ。全員に気合の入った返信ができないため、本命には長くて中身が濃いメッセージ、キープには短くて用件のみの内容になる。こういうLINEは突然フェイドアウトする予兆なので心構えが必要だ。こちらもどんどん適当な省略形の返事になり、会話の内容は淡白になっていく。なんなら1日にスタンプ2つだけだったりすると、もういつ途切れても不思議じゃない。

ところが……こちらが警戒態勢に入っていたにもかかわらず、TNさんの場合はまったく違うパターンだった。少しだけ気心が知れた頃、ある深夜こんなトークが来たのだ。

「僕はメールもLINEも嫌い。言葉がうまく選べないから、ちょっとしたことで大喧嘩になったり誤解が生まれたりしてしまう。実は別れた妻とも、単身赴任中のそういうLINEのやりとりが原因で冷戦になった。だからアプリの交際にメールやLINEが必須条件になっているのが辛い。このLINEを送ったら、関係がダメになるんじゃないかとか、それればかり考えてしまって」

TNさんはアプリに入会してもう2年。マッチング数はかなりの数に達した。しかしTNさんのメッセージやLINEがあまりに無愛想、過疎、さらにつまらないという三重苦のせいで、いつも途中で相手がしびれを切らしてフェイドアウトしてしまうという。

そうだったのか。突然、はっと目が覚めたような気分になった。きっと勇気を奮ってカミングアウトしてくれたのだろう。TNさんの場合、アプリでのコミュニケーション不全は、常に自分の言葉への不安や自信のなさとの背中合わせだったのだ。ようやく不毛な寒いＬＩＮＥの理由を知った私は、ＬＩＮＥが婚活のマストアイテムなことに疑問を抱いていた頃を思い出した。

ＬＩＮＥは確かに便利だ。しかもビデオ、電話は無料だし、写真やファイルを送ったりグループＬＩＮＥができたり、様々なオプションがある。だが万能ではない。過度に頼ると言葉一つに振り回される。

特に婚活にＬＩＮＥが絶対必要なアイテムとなってしまった今、ＬＩＮＥを使い慣れていない人、テキストのチャットで気持ちを表すのが苦手な人はかなり不利だ。世代的なギャップも大きい。相手にきちんと「自分はＬＩＮＥの返信が苦手だから、大切なことは電話や対面で話したい」と伝えないと、後々、関係性に歪《ゆが》みが出てくる。

同じマッチングから始まってＬＩＮＥやビデオで展開する交際でも、その後のツールの使い方やスキルの巧拙《こうせつ》でまったく異なるステージに繋がる。そこもＲＰＧゲームとの共通点だろう。

ショウさんは浅く広いコミュニケーション、ＴＮさんはピンポイントで深く掘り下げるコミュニケーションを目指している。

周りに流されず自分らしく気持ちを伝えられる連絡ツールを選ぶことが、マッチング依存を卒業する最短コースだ。

第八章　マッチング依存だからこその最新婚活術

1　究極の「逃げ恥」婚

田園調布に住む54歳の弁護士、オギさんから「いいね！」が来た。年齢にしては若々しくておじさん臭さもなく、専門分野で講演に呼ばれたり執筆活動をして年収も1500万円と大台に乗っている。しかも有名私大出身で持ち家もあり、子供はもう独立している。普通に考えたら超有料物件なのだが、なぜか「いいね！」の数が23しかない。

この年収、肩書なら一気に200ぐらい行きそうなものだが……。

プロフィール写真はスーツ姿、オフのゴルフ姿、ホテルでの華やかなパーティ、海外の高級レストランの食事シーンとリッチな生活ぶりを見せつけるものばかりだし、凄まじい数のコミュニティに入っているのに、なぜ入会1年以上経つ今も相手が見つからないのか？　セレブ婚活女子系にはもってこいの人材に見えるだけに、逆に興味を抱いてしまった。

とりあえず「いいね！」を返してマッチングし、プロフィールを隅々まで読む。

「私は弁護士事務所勤務の他これまでに7冊の著書を出版し、企業や自治体で多数の講演活動もしていて全国を飛び回っています。4年前に離婚し、現在は世田谷区の持ち家で一人暮らしをしていますが、多忙すぎて自己管理が難しいため、パートナーに求めるのは健康管理と海外からの客の接待などで……」

なんだかかなりVIPな人らしい。

これはパートナー探しではなく専任秘書兼マネージャーの求人広告だ。なんなら給料や勤務時間、有給の有無も書いてほしい。家事もすべてこなさなければならないのだから、2倍の負担がのしかかることになる。これを読んで「結婚したら幸せになれそう」と考える人は少ないだろう。いろいろ思うところはあったが、とりあえず一度話を聞いてみようとメッセージのやりとりのあと芝にあるホテルのラウンジで待ち合わせた。

スーツをビシッと着こなして目つきが鋭く、早口で難解な言葉を駆使した口調はいかにもエリート弁護士だ。だが彼の話の主語があまりに「私は……」ばかりなので、こっちはほとんど聞いているだけ。だって田園調布に実家のある由緒正しい家系に生まれ、名門私大の法学部在学中に司法試験に受かり、弁護士事務所でトップの人気弁護士になり、著作を機に講演活動に入り……。エリートまっしぐらすぎてツッコミどころがない。

元妻は息子の大学進学を機に、自分の仕事を始めたいと出ていったという。

「所有する不動産の賃料もあるので、経済的には富裕層に入ると思います。老後は海外にセカンドハウスを買うことも考えていまして、冬はそちらで過ごせたらいいなと……。ですが一緒に楽しめる人がいないとやはり虚しいですからね」

あまりにも美味しい話ばかりで……頭の片隅に警戒信号がつく。

そろそろ探りを入れてみよう。

「そんなに優秀で条件もいい方なので、きっとたくさんのマッチング相手と会われたんですよね？」

「ええまあ……会ってはいるんですけど、なかなか条件に合わなくて」

「どんな条件ですか？」

「実は母が同じ敷地に住んでいて。ヘルパーが通っているが、ある程度は気にかけていただける方がありがたいんです」

来た。つまり自分が忙しくて母の世話ができないから、嫁に代わりにやってもらいたいということか。マネージャー兼、メイド兼介護ヘルパーの三つ巴《どもえ》。本来なら3人の人件費がかかるところを、妻という名目で1人にやらせようというのはセコすぎる。もしかして元妻もそれが理由で離婚したのか？「一人暮らし」と書いているが、隣に介護が必要な親がいるというのは同居と同じぐらい大変だ。

ざっくり計算してみたが、この3つの役割を経済活動に換算するとちょうどオギさんの年収分ぐらいになる。

つまり婚活という名目で、これだけの労働力を給料を払わずに手に入れようとしていることになる。経済力は充分にあるのだから、普通に3人を募集して雇用すればいいのだ。オギさんの「いいね！」が条件の割に少ないのは、こうした事情が言葉の端々に透けて見えるからかもしれない。

しかしものは考えようだ。オギさんと結婚してこれだけの業務をこなしたら（人手を雇うこともできる）、田園調布在住の安定した生活、安定した老後、老親亡きあとは自由な別荘付き生活が待っている。なんなら遺産継承者としての可能性もある（揉める可能性もあるが）。アプリの出会いに恋愛はないと虚無感を抱き始めているマッチング依存症の女性なら、『逃げるは恥だが役に立つ』を参考に契約婚として考えてみるのはいいかもしれない。少子高齢化が進むこの社会では介護とバーターの富裕高齢者との契約婚だって、充分現実的になっているのだ。

ある大手アプリでは米国から来た80代のシニア男性がお相手を募集しているのを見た。「日本の女性と付き合いたい」「日本に家があるので一緒に住みましょう」。こうなるとどうしても「金はやるから老後をよろしく」に読めてしまう。が、それはそれで一つの職を生み出しているわけだし、婚活の多様性を増やすチャンスとも捉えられる。

もう一つの逃げ恥婚のタイプとして商売パートナー募集婚がある。

「経営者」という肩書のナカさん（49歳）とマッチングした時、てっきり彼が企業の社長だと思っていた。ふくよかなぽっちゃり体型とあご鬚《ひげ》、優しそうな笑顔がマッチしていて、包容力がありそうに見えたから「いいね！」をしたのだが……。

メッセージを交わしてみると彼が普通の企業の社長ではなくて、渋谷区にあるイタリアンバルのオーナー兼店長だということがわかった。その店は手作りの料理が自慢なので食べに来てほしいと言われ、営業前の時間に店に行って会うことになった。

駅裏の路地にある店に行ってみると、通りに面したバルコニー席もある瀟洒な店で、キッチンもホールもナカさんが1人で切り回しているという。

ジャズの流れる店の雰囲気はとても大人な良い感じで、出してくれたお手製の前菜や魚料理は美味しかったし話も弾んだ。が、私がプロフィールに書かれていた3年前の離婚のことに触れると少し顔が強張った気がした。

「1回目なのに、そんなデリケートなこと聞くんですか？」

突っ込まれて逆に驚いた。アプリで会う多くの人は離婚の原因についてもフランクに話してくれるし、そもそも話せないような原因がある人とは結婚前提の交際なんかできっこない。もしかしたら、ナカさんにとって離婚は、まだトラウマになっているのかもしれないと思った。無神経でごめんなさいと謝ると、彼は渋々という感じで話してくれた。

「一緒に店をやっていた妻はコロナで長期休業になった3年前、1人になってフラワーデザインをやりたいと別れて。それからは料理も自分でやっている。1人だと定休日がないので休みの日がないのと、新しいメニューを開発するのが大変。だから一緒に考えてくれるような人がいればありがたいと思っている」

つまり妻がコロナ離婚したために店の運営のパートナーがいなくなり、何から何まで1人で切り回して休みもなくなり、限界に達して新しいパートナーを募集ということらしい。でも、それならまだ出会ってもいない妻に期待するよりも、優秀なスタッフを1人雇ったほうが早くて確実ではないか？

その時、ふと気がついた。

調理のできる新しいスタッフを1人入れたら、人件費は最低でも年間500万円かかる。バイトだって深夜までのバルなら交通費込みで200万円はかかるだろう。だが妻ならどうなのか？　家業の手伝いということなら、一銭もかからずになんでも手伝ってもらえる。おまけに家事も任せられる。となるとものすごくコスパがいいし、ついでにナカさんも休みの日を作ることができるのだ。この推測を確認するために、雑談のあと私はこんな質問をしてみた。

「1人だとお休みが取れないから大変でしょう？　お店の経営のパートナーになるような人が良いんですよね？　お料理とかサクサクできるような」

するとナカさんはうなずきながら「一緒にやってくれる人がいればとアプリに登録したけど、なかなか難しい。仕事を辞めて専業主婦になりたい人が多くて……」と本音を認めた。

ナカさんは一つ大きな間違いをしている。

プロフィールの肩書を「経営者」にしたことだ。女性たちは経営者の妻として安楽なポジションにつけることを期待して、「いいね！」をつける。しかしナカさんが実際は飲食店のオーナー店長で、結婚したら自分も一緒に働かなければならないと知ったらモチベが一気に下がるだろう。経営者の妻と、店のスタッフはまったく別物だ。

さらにいうなら年収500万円以上のスタッフ代わりにタダ働きしてくれて、家事もやってくれる妻候補なんておそらくいない。そのポジションが魅力的とはいえなかったから、元妻も離婚したのだろう。

ナカさんはまず妻に対する意識を根底から変える必要がある。妻は所有物ではない。耐久消費材でもない。そして当然、ナカさんとは経営者と雇用者の関係でもない。だから結婚したからといって対価を払わずにパートナーの運営する店の労働をさせるのは、やりがい搾取だ。

ではどうすればいいのか。

妻の労働力をあてにせず、本人の選択に任せる。そしてもしやってもらうならきちんと対価を支払うべきだ。

まず肩書を飲食店オーナー兼店長と正直に書き、「夫婦で一緒にお店を切り盛りしてくれる相方を探しています」と書く。そして店のスタッフとしての報酬を搾取されたと感じさせないように、働いた分にはきちんと給料を払う。共同経営者にするならちゃんと意見も聞く。

求人広告を出すとしたらこんな感じだ。

「おしゃれなイタリアンバルを夫婦で運営しませんか？　飲食業の経験は不問です。仕事は企画運営、調理、ホール、経理、その他多岐にわたりますが、2人のパートナーシップで乗り切り素敵な店にしましょう。保険あり。共同運営者としての月収は税込××円程度です（売上によって変動あり）。また自宅の家事についても一方だけに負担がかからないように、相談して分担しましょう」

もし妻の給料が払えないのなら、今まで通り1人で働けばいい。妻だから夫のやっている家業を無償で手伝え、という考え方はもう昭和で終わっている家制度の名残りだ。

これなら飲食店の経営に興味がある女性の関心を引くことができるし、共同経営者というポジションにも魅力を感じてもらえるかもしれない。

リアルの結婚相談所ではそんな求人はありえないが、マッチング・アプリならありだろう。シングルマザーで経済的に困窮し、安定した子供の養育環境と自分の仕事、両方欲しい人、飲食店の経営や料理について学びたい人、バツイチで就労スキルがないが社会復帰を考えている人などには、かなりおすすめの「逃げ恥」案件だ。

2　20歳年上妻を求む！　報われないシニア女性への熱愛

まだ学生にしか見えない29歳のタクミさんとマッチングしたのは、ほんの気の迷いのせいだった。別に年齢や職業のフィルターで検索しているわけではないが、せめて35歳を超える男性じゃないと大人の男の魅力を感じないし、中途半端に「姉さん」扱いされて甘えられるのも疲れる。

でもその時は「いいね！」をくれたタクミさんの、社会と妥協できない感じの表情が気になって、つい魔がさしてマッチングしてしまったのだ。

アプリのメッセージやLINEトークではごく普通の会社員に見えた。精密機械メーカーで正社員として働いていて営業を担当している。結婚歴はなし。

「学生時代に付き合ってた子と、卒業してすぐ流れで同棲したけど、若かったしなんか違うなと思い始めて。別れて付き合った人がたまたま15歳年上だった。ああ、自分はそれぐらい年上の人が好きなんだと初めてわかった。それ以来、ずっと年上の人とばかり付き合ってる」

女性にも父親やそれ以上の年齢が好きという「枯れ専」「老け専」というジャンルが存在するが、年上女性が好きな男性にも「シスコン」「マザコン」「熟女好き」「子供を産んだ女性好き」……といろいろなジャンルが幅広く存在する。だが、まさかマッチング・アプリでそういう男性に遭遇するとは。

アプリでは性的な嗜癖を前面に出すとドン引きされるので、あくまで普通の範囲内での相手探しが一般的だ。例えばドSの女王様と付き合いたいとか、コスプレーヤーとでなければ萌えないとかの性癖は、書くスペース自体がないしタブー視されている。

「どん引きされるかもしれないけど、僕は若い女性より年上の女性の体にエロさを感じる。例えば子供を産むと体の線が崩れてスタイルが悪くなるというけど、僕は逆にそのほうがずっとセクシーだと思う。ピチピチの若い女性を見ても、全然興奮できない。マザコンというわけでもないし、こういうのはフェチだからうまく説明できないけど」

マッチング・アプリの主流ユーザーは、ややコンサバティヴな中流会社員が圧倒的に多い。つまり男性なら週末、ゴルフに通い仲間と飲んでサウナを楽しみ、時々、家族に付き合ってドライブやディズニーに行くような「普通の幸せ」に憧れるマジョリティ派だ。

LGBTQや年齢的なフェティシズムを積極的にアピールする人々は意外なほど少ない。だからタクミさんには深掘りした話を聞けるチャンスと考え、週末、カフェで会う約束をした。

チェックのシャツとデニム姿の、かなりガタイが良く顔面も濃いタクミさんは、予想していたよりずっと真剣に相手を探していた。

もうアプリに登録してから2年目。最初は年上ばかりに「いいね!」を送り、マッチングした相手とLINEのビデオ通話をしたり飲みに行ったり。だが、20歳も年上の女性に「いいね!」を送っても投資詐欺や小遣い目当てのママ活と間違えられたり、なかなか本気にしてもらえない。やがてタクミさんは年齢と住まいをフィルターにかけて相手を検索するようになった。

住まい……東京、埼玉。年齢40歳以上、上は無限大。そのほうがずっと手っ取り早くターゲットを見つけられる。

そんな中でマッチングしたのが、70歳ながらアパレル業界で現役として働くバツイチ女性だった。彼女は最初は相手が気にするかもしれないと隠していたが、実はタクミさんの母親と同い年。が、メッセージを交わし気が合ったので会ってみると、業界の第一線で働いているだけあって、専業主婦で外に出ない母親より見た目も内面もずっと若々しい。

彼女は若い恋人ができたことがうれしいと頻繁に連絡をしてきてくれた。週末はタクミさんが相手の家に行って食事をご馳走になり、ネトフリを見てお泊まりというデートを楽しんでいた。もちろん体の関係もありだ。彼女は生理はもうなくなっていたが、セックスは現役として楽しめるし積極的だった。

タクミさんにとって彼女は好みのど真ん中。ずっと追いかけていた自分のフェチが満たされることが、何より充足感に繋がったという。

普通に手を繋いで街を歩いたり買い物や映画にも出かけたが、人目は気にしなかった。時々、電車の中で若い女性やカップルにガン見されていることもあったが、それも逆に見せつけてやりたいと思った。

このままうまくいけば一緒に住めるかも……と思い始めた頃、彼女の誕生日にタクミさんがふと漏らした言葉が、彼女の心を一変させてしまう。

「実は僕の母親も××年生まれなんだよね」

「えっ、タクちゃんのお母さんと私、同い年なの？」

その表情は今までとは違う、強張ったものだった。

「しかも彼女にも娘がいて、その人のほうが僕より年上だった。つまり自分の彼氏が子供より若いことがショックだったらしい。僕は気にしなかったけどやっぱり女性は気にするのかも。例えば将来、娘に紹介するのが気まずいとか……。それに5年後とか10年後はどうなるんだろうとか……。それで結局はうまくいかなくなって」

何度か話し合って、年齢が関係の邪魔になることはないと断言したが、彼女の心は変わらなかった。やはり一緒に老いていける同年代の男性の方を探したい、あなたとでは今だけの関係になりそうで辛いと言われ、そこまで言うならと諦めた。

だがタクミさんは今も、彼女との関係を引きずっていて、同じような年上を探してしまうという。

AVには熟女ものに一定数需要があり、70、80代の高齢者風俗嬢も存在する今、タクミさんのような恋愛・結婚相手を探す人がいても不思議はない。もちろん一般的にはマイノリティだが、男女が逆なら割とよくある話だ。

男性が年上の場合、社会的地位や経済力があれば若い女性とでも結婚できるという社会的な刷り込みがある。アプリでもいわゆるずっと年下のトロフィーワイフ的な女性との結婚を望む人も多い。

「年上の男性と年下の女性の組み合わせが好き」「10歳以上年上が好きな女性」など、この系列のコミュニティは割とたくさんある。

ではは女性が年上ならどうか。フランスのマクロン首相の妻は24歳上だし、偏見が消えもっと自由になればこういう年の差もさほど気にならなくなるのかもしれない。

下降する日本経済と共にどんどん貧乏になり、結婚の壁が高くなりすぎて手が届かない30代、40代の男性にとって、年上女性とのマッチング婚は素晴らしい救済の手段だ。

3 非正規30代男の救いはマクロン型年の差婚？

茨城に住むドラッグストア店員のタケルさん（37歳）は、まだ学生にも見えるシュッとした細身の塩顔男子。他人を喜ばせたり笑わせたりするのが好きという自己紹介も楽しそうだったので、「いいね！」をもらった時あまり深く考えずにマッチングしてみた。

LINEトークからビデオ通話へ、そして東京に来てのカフェデートと進むうちに、明るく見えるタケルさんの意外な陰の部分が少しずつ明らかになってくる。

性格がフレンドリーで明るいし、モテるでしょう？と水を向けると、意外にも恋愛がうまくいかずトラウマを抱えていると打ち明けてきた。

「僕は正社員じゃなくてバイトだし、カラオケ店と2つ掛け持ちしている。だから、いつも相手の女の子に天秤にかけられて。みんな早く結婚したいし主婦になりたいから、ちゃんと就職して安定収入を稼げる男と僕を比べて結局フラれて。もうそんなことばっかりでトラウマレベル」

確かにタケルさんの年齢だと対象となるアラフォー女性は結婚の最後のチャンスだと焦っている世代。となるとどうしてもフリーターは分が悪い。性格的に集団行動の苦手なタケルさんは、同調圧力の強い会社員生活がどうしても性に合わないという。そして地方では男性がフリーターで生活するのは、いろいろと周りの目がうるさい。

「この頃、親もいろいろとうるさすぎてストレスが……。東京に飛び出してしまえば仕事は見つかるけど、とりあえず金を貯めないと生活にも行き詰まるから、今はまだもう少しがんばらないと」

どこの家にでもある親子のいざこざかと思ったが、どうやらタクシー運転手をしている父親はかなりの過干渉で、時々DVもあるらしい。

「母親は父親を怖がって言いなりだし、まだ学生の弟も少し病んでて……。僕は将来、東京で古着屋をやりたい。こんな状態では結婚なんて難しいけど、せめて恋人を作りたいからアプリに登録してみた」

ところで私、年上なんですが大丈夫？

「いつも天秤にかけられるので計算ずくの人がすごく苦手で、優しい人が好き。だからむしろ上の方がずっと好み」

なるほど。確かに年上なら条件で他の男と秤にかけたりはしない。それに収入の安定もそこまで問わない。ただ養う気はさらさらないから、バイトでも契約社員でもいいから、1人分が生きていくだけのお金は稼いでねという感じだ。

うるさい家を出たいが家賃や生活費を考えると荷が重いという非正規30代男にとっては、同世代や下の世代の女性との結婚は経済的な負担を増やすだけだ。そのうえ、子供ができたら完全にギブアップ状態だろう。それと真逆に自分1人で充分やっていけて、なんなら部屋にも家賃なしで転がり込めるかもしれない年上女は、恋人として魅力的な案件なのかもしれない。

今まで20代、30代からのマッチングは投資詐欺、ママ活案件のリスクが高そうなので切り捨てていたのだが、これも考え直す必要がありそうだ。

これからの日本社会はフランスのマクロン大統領夫婦のように年齢制限が完全に消えるのかもしれない。自立した女性にとって、相手の年下男性は自分の生活費を稼げれば20歳でも30歳でも何歳でも構わないのではないか？

「男性側からすると」、ちゃんと結婚して子供が欲しいならプラマイ10歳の女性を選び、法的な結婚に関心がなくて子供もいらないなら上限なしでＯＫ。もしかしたらここに法的な結婚より事実婚や同棲を選択する、フランス的なカップルへの道が開けているのかもしれない。

タケルさんのような「年上女の部屋に転がり込みたい」20代、30代の男性は、経済的な事情も加わって今加速度的に増えている。

３ヶ月間の「年上が好き」という「いいね！」だけでも20件から30件近くあった。共通項は「仕事はフリーターか非正規」「親との関係にストレスを感じている」「経済的に一人暮らしのマンションを借りるのはキビしい」「同世代との交際に傷ついた経験がある」「結婚して子供を作るのは経済的に困難と感じている」「年上の女性といるほうが精神的にも楽」……ｅｔｃ.

しかしもう一つの特徴として、彼らは自分を受け入れてくれる年上の女性を居場所として依存しやすい。これを苦手、負担と感じるか、カワイイ、育てがいがあると感じるかがマッチング相性の分かれ目だ。もし経済的に彼らを同居させる余裕があり、精神的にもリードしてあげる懐があるなら、この非正規30代男と年上女性（40代以上何歳でも）のマッチングはかなり相性が良い。

ｗｅｂ広告の制作会社で非正規社員として働く35歳のダイスケさんとマッチングした時も、話に聞く内情はタケルさんとよく似ていた。スラッとした細マッチョで見かけは爽やかなのだが、実際に何度か会ってみると内面はかなり鬱屈を抱えている。

「ちゃんと就職しないとこれからどんどん負け犬になると、父親に毎日ディスられているので1日も早く家を出たい。本当は飲食店を経営したいのだが金もなく、家から飛び出す資金がないから、仕方なく家にいる」

ダイスケさんは恋愛に奥手で今までちゃんと付き合ったことは一度しかなく、しかもその相手は20歳年上の会社員の女性だったという。親との関係にストレスが溜まり、家に帰りたくない時は、彼女のマンションに何日も泊まらせてもらった。その結果、逆に彼女との関係が悪くなってしまったと言う。

「彼女は営業職で毎日残業もあるし忙しいから、僕のために食事を作ったり洗濯はできないと言われていた。でも僕が部屋を散らかしっぱなしで洗濯や皿洗いもほとんどやらなかったので彼女がキレて。私はあなたのママじゃない、出ていけと言われて」

つまり経済的にも家事にも自立できていないために、彼女にとってもお荷物になってしまったのだ。

結果は破局に終わったが同世代との交際経験がないダイスケさんには、やはり経済的にも精神的にも自立している年上のほうが付き合いやすい。フリーターだと同世代の女性からは本命の交際相手として認めてもらえず、その結果、キープにされたりいいように使われることも多く、傷ついた過去も数え切れないという。

「僕はまだ経済的に安定していないのですぐの結婚は考えていないけど、ちゃんと真剣に付き合える人が欲しくてアプリに登録した。『いいね！』するのはみんな15歳以上の人ばかりで上限はない。この前は70歳の人とマッチングをした。結局、向こうが引いてうまくいかなかったけど」

32歳の中学美術教諭、コウヘイさんも年上の女性と付き合うために、熟年層やバツイチの女性が多いアプリを選んで登録した。

「初体験は21歳の時、バイト先の飲食店の先輩で42歳のシングルマザーだった。すごく優しくて仕事のこともいろいろ教えてもらったし憧れていた。こっちは真剣だったけど、中学生の子供のことを考えると難しいと言われて。その後、ずっと年上とばかり付き合ってきたけど一緒にいて落ち着けるし楽なんです。若い女の子はリードしてほしいとか、こういう人じゃなきゃ嫌という理想があるけど、年上なら自立してるからそんなに要求が多くないし」

フィギュアや細かいジオラマ作りが好きなコウヘイさんは、オタク気質でマイペースなため、付き合う女性への心配りに欠ける面があり、それでうまくいかなくなることも多い。でも二回り離れた年上なら、それも「コウヘイらしい」と許してくれる。

半年前まで付き合っていたのはなんと元教え子女子生徒の57歳の母親。

コウヘイさんから猛アタックし、相手も「娘を美大へ行かせるにはどうしたらいいか」と相談を持ちかけてきたので、少しずつ親しくなっていった。いつもは週1ペースでラブホテルに行き、やがて泊まりがけで温泉に行ったりドライブに行く恋人関係になったが、彼女にひかれた一番の理由はやはり性的な相性の良さだという。

「若い女の子は自分がお姫様扱いされないと機嫌が悪くなるけど、年上で経験豊富だとこっちの気持ち良さも考えてくれる。それに包容力があるから、セックスのたびにうまくできたのかと心配しなくてもいいし」

しばらく不倫を続けたが彼女は子供がまだ未成年なため夫との離婚には踏み切れず、コウヘイさんも不倫が噂《うわさ》になると教師生命に関わるため、泣く泣く別れたという。

「今はそろそろ結婚したいとアプリで年上の相手を探しているが、女性側が2人の将来のことを考えると踏み切れないと悩むことが多くて。自分のほうが先に老いて振り向かれなくなったらとか、介護が必要になって負担になったらとか……。それにもちろん僕の両親もそんな子供も産めないような女性と、と猛反対で辛い」

結局、長く続かないから、半年ぐらいで別れては次の相手を探すサイクルを繰り返している。いっそいい人とマッチングしたら、年上とのカップリングが比較的自由な海外に移住しようかとさえ考えている。

年上好きのためのマッチング・アプリがあれば絶対、登録する、と目を輝かせるコウヘイさん。遠くない将来にそんなアプリができたら、日本のカップリングの多様性がぐっと広まることは間違いない。

リサーチしたアプリで婚活する男性の中には、タケルさんやダイスケさんのような70歳でも75歳でも「ストライク」という年上好きがかなりいた！　素晴らしいではないか。これから先、日本の恋愛事情は大きく変わるに違いない。

逆を考えればイケオジを遥かに超えて「枯れ専」「老け専」フェチの女性も多い。年上女性のほうが落ち着く、居心地いいという性的嗜癖はそんなに稀な例ではないはずだ。イタリアでもやはり日本のように、職がないため家を出ていけない若い男性が年上の自立した女性と結びつく例が多い。

若い女性が富裕な熟年層との結婚を玉の輿《こし》と捉えるなら、経済的に不安定な男性がそこそこリッチで経済、精神共に安定した熟年女性との逆玉マッチングを望むのも理解できる。こうした男性は一昔前のツバメ的関係やペット的関係を望むのではなく、居場所としての関係性を欲している。その条件はこの3つだ。

①高い家賃を払わなくてすみ、それを責められることもない自分のスペースが欲しい
②人間として尊重してもらえる包容力が欲しい
③非正規やフリーターであることに負い目を持ちたくない

これらの条件を満たすのはやはり年上しかない。

一方、必死に働くアラフォー以上の女性は日本のミソジニー文化に毒された男性社会に疲れきっているので、自分の居場所に悩む30代男性の優しさや繊細さをプラス面で捉えることができる。

こうした経済的・精神的なマッチングの良さを考えると、このカップリングはかなり可

能性があるはずだ。子供を持ちたい場合は養子縁組や凍結卵子、代理母に頼ればいい。

最後に残るのは介護問題だがこれも男女逆転のケースと同様、女性の資産から介護代金を男性に残すことで解決できる。

日本の婚活に新たな多様性をもたらす、経済的活動としての逃げ恥婚とマクロン婚。実はどちらも恋愛を拗らせたマッチング依存症の解決策なのだ。

第九章

婚活に絶望した独身男性が選ぶべきたった一つの道

1　間違いだらけの婚活が独身男性を狂わせる

２０２３年３月、35歳の独身男性が書いたHatelaboの文章がＳＮＳのトレンドを賑わせた。

タイトルは「独身中年男性、狂ってきたので今のうちに書き残しておく」。匿名で誰が書いたものかは不明だが、経済力の不足から婚活に挫折して結婚できず、体力・気力の衰えから趣味も楽しむ余裕がなくなって絶望感に苛《さいな》まれ、人並みの人生から降りることだけを考えている、という内容の過酷さからあっという間に話題となった。

同世代から「俺と同じ」「怖すぎる」「自分の未来を見ているよう」と様々なリアクションを引き起こしてTwitterのトレンドにもなったので、記憶にある人も多いだろう。

もちろん独身で恋人ができないことに加えて潜在的な鬱の要素が影響しているというリスクも大きいが、どちらの背景も複合的に絡み合いやすいのであえてここに引用させてもらった。

著者は身長１６６センチ、年収５００万円、貯蓄４００万円の役職付き事務職だ。

最近、加齢による体力の衰えがひどく、満員電車の通勤、思考力と性欲の低下も著しい。また、夜中に目が覚める、いくら寝ても疲れが取れない、それまでは楽しめた趣味や食事も楽しめなくなった、性欲が激減した……など35歳とは思えない心身の急激な加齢症候に悩まされ、週末はベッドで寝たきり。

これでは一生、結婚ができないと、一念発起し高い入会金を払って結婚相談所に通ってお見合いも重ねたが、結局決まる前に金銭的な負担にギブアップして退会してしまう。「1番の問題は年相応に金を稼いでこなかった事。（中略）負けを認める。今の自分は人生から降りさせていただくことだけを考えている」

この男性は結婚相談所へ行き莫大な金を吸い取られて、さらに結婚して子供ができた場合、一生に稼がねばならない金額の大きさに絶望して婚活をやめた、と書いている。

もし私にアドバイスできるとすれば、こう言いたい。

「バカ高い結婚相談所はやめろ。中高年に強いマッチング・アプリ3つに登録し、腕のいいプロのカメラマンに3万円ぐらい払ってプロフィール写真を撮ってもらえ（ネットでいくらでも見つかる）。一生に一度の結婚チャンスのために、家事子育てのフィフティフィフティのサポートをする心構えをしろ。そして自己紹介にはこう書け。

〈もしあなたが顔や年収でお相手を探しているなら、僕には無理です。でも何があってもあなたを守って笑顔にし、家事、子育てを平等に負担する働き者のパートナーを探しているなら、僕にもチャンスがあります。あなたがシングルマザーでも年上でもバツがいくつあっても、相方として誰よりも大切にできると保証します。

僕にできることは、力仕事、電気修理、家具補修、配管掃除、水回りの修理点検、風呂掃除、家事の分担、お悩み相談（なんでも）、休日の食事作りや子供の世話、保育園・幼稚園の送迎、保護者参観、運動会、病気の時の看病、セクシャル・パートナー、老親介護の相談協力、犬猫の世話まで、強力なパートナーとして一家に1人、必要な人材です〉」

Hatelaboの日記を書いた独身男性も、そして多くのマッチング依存症の独身男性も、この覚悟が生涯独身から抜け出す最後のチャンスだ。

「条件」ではなくて「パートナーシップ」。

その意味はおわかりだろうか？

年収や肩書き、学歴という可視化できる条件も参考にはなるが、1番大切なのは相手との関係にどれぐらいの時間、コスト、労力を使うかの覚悟だ。

別に相手は鬼畜の雇用主じゃない。悩んでいる時に寄り添ってほしい、子育てで死ぬほど忙しい時にきちんとサポートしてほしい、病気で倒れた時に食事を作って看病してほしいという当たり前の欲求を持つ相方だ。

その当たり前ができなければ、あなたは結婚や同棲を望む資格はない。ゲームならいくらでも時間を注げるが、パートナーの悩みを聞いたり皿洗いや保育園の送り迎えはできないなら、生涯独身でどうぞ。

右記したプロフィールが実践できる人だけが、生涯シングルから脱け出せる。

2 文化的考察としてのマッチング・アプリ論

本書のマッチング・アプリ取材を始めた時、私はあまりの面白さに毎日、興奮していた。かつて90年代、渋谷の路上で制服を着たＪＫたちに取材した時、彼女たちが抱えていた爆発寸前の熱量を思い出したのだ。

真剣にマッチング・アプリ画面を見つめてメッセージに心の内を託し、会えば自分の報われない恋愛歴を語って、「出会いたい」と切々と訴える人々。彼らの中にある出会いへの期待や不安は、まさに岐路に立たされた現代人の意識をそのまま反映していた。

彼らが探しているのは機能不全が明らかになった社会的イベント、結婚システムに同意する相手ではなく、自分という個にマッチングしてくれる相手なのだ。

相手に望むのはジェンダーギャップに安住している自分を変えてくれるきっかけだったり、将来への漠然とした不安の受け皿や、死ぬほど欲しい自己承認の証明だったり……。

誰もが出会いによって自分の人生を補完したいと望んでいる。

私が話を聞いた男女は、皆、婚姻制度に嵌《は》め込まれて他人の人生のパーツになることを拒否し、自分自身であるための結婚を模索していた。その結果、パートナーシップを欠く自己中心的な相手探しをしている人たちも少なくなかったが、制度としての結婚ではなく個人的な関係性構築の試行錯誤と考えれば納得がいく。

今の日本は男性31・4パーセント、女性23・2パーセントが未婚（平成17年国勢調査「全国の15歳以上人口の配偶関係」）だとよく問題視される。が、そもそもみんなが結婚する義務などまったくないし、たとえ未婚率が50パーセントになろうと、少子化を食い止める社会貢献として結婚しようなどという人はいないだろう。問題はこの中で何パーセントの人がパートナーと人生を生きることを望んでいるのに叶わないのか、ということだけ。

が、そうは言ってもミソジニーバイアスのかかった結婚制度との葛藤はまだまだ根強く、複雑な気持ちが解決できずにいる人々はたくさんいる。私自身、法的結婚については注文付きでないと素直な気持ちで向き合えない。

しかし、本書に登場するマッチング・アプリ依存症の人々は全員、関係性への欲求が強く、100人の婚活者がいたら100通りのパートナーシップがあって当然という考え方で婚活していた。彼らの話を聞いていたら、一般的な結婚なんてもう死滅したのだと痛切に実感できたのだ。

そしてさらに素晴らしい奇跡が。本書を書き終えた今、自分の中にもいまだに渦巻いていた結婚の息苦しい重しが、ほぼ完全に消滅していたのである。アプリの合理的なシステムや、アプリのユーザーたちの同調圧力をものともしないタフな婚活推進力のおかげで、日本のうざい村社会の呪縛から精神的に自由になれたのかもしれない。

欧米でシステムの根幹が作られたマッチング・アプリは、ミソジニー国家日本の中でレアな治外法権地域だ。アプリの中では妻にワンオペさせるパートナーを無能と責めるのは当たり前だし、子育てに参加しない夫は夫ではないし、経済的な対価が発生すべき労働にパートナーを無償で巻き込むのは搾取である（特に女性に「家業だから」と合意なく押し付ける場合）。

さらに過去の離婚歴やその理由、過去の恋愛など、リアルで出会ったら聞きにくいことも気軽に聞くことが可能だ。つまりミソジニー文化の悪癖をすべて取り除き、一般的な先進国の男女関係としてゼロから関係を築ける。それを前提にパートナー探しができるのは、やはりジェンダーギャップ指数116位（146ヶ国中）の国としては大きな前進だろう。だから私はどんどんアプリが普及することを望んでいる。

5組に1組のアプリ婚が2組に1組になったあたりで、社会の意識は大きく変化するはずだ。結婚は完全に個人のものになり、結婚という言葉さえマッチング・パートナーに置き換わるかもしれない。肝心なのは協力し合えるパートナーができることであって、それ以外の男性優位社会に都合のいい規制はどんどんなくなる。

夫婦別姓や事実婚、同性婚なども今、法的に認められなければ結婚の現状に追いつけず、混乱や少子化を増すだけだ。

パートナー募集者も1人で生きたい人も、とりあえず1年間マッチング・アプリで婚活することをお勧めする。重ねて言うがあなたの「いいね！」次第で、真に平等なパートナーシップと出会う可能性も（意外なほど）ある。

自分に本当にマッチングする相手なんかいるわけないという絶望感から虚無を経て、本当はどんな関係性を求めていたのか驚きの真実に目覚めるはずだ。

3　マッチング・アプリが結婚難民を救う文化的理由

本書ではマッチング・アプリ依存の実態について書いてきた。依存といってもマイナス面に働くだけでなく、従来の結婚枠から弾かれてしまう人たちがアプリをセーフティーネットとして利用していることも理解してもらえたと思う。

私自身は昭和の名残りを残す制度としての結婚にまったく魅力を感じていないのだが、マッチング・アプリというシステムには強烈な魅力を感じた。何しろこれはゲームなのである。ゲームといってもルールはごくシンプルだ。「いいね！」を送って相手からも送ってもらって、会ってパートナーシップを結べばいいだけ。別に勝ち負けとかはないし、高得点でチャンピオンになるとか低得点で失格になるとかもない。

全ステージをクリアすればファイナルステージが現れるという点でもRPG的だ。この本を書くにあたって私自身の偏見もなくし公正に取材できるよう、特別な年齢制限や条件を設けずに様々な人たちとマッチングしてみた。サービス産業、飲食店経営者、医者や経営者、フリーター、年金生活者、金融企業、IT系企業、クリエイター……。ありとあらゆる職種、年代の人たちとマッチングしているうち、途中からあまりに面白すぎて職業病が勃発してしまい、それぞれの恋愛・結婚に求めるものから人生観までインタビューしまくってしまった。

「いいね！」をもらった人には大抵、「いいね！」を返していたので、複数のアプリを合計すると200人ぐらいとはマッチングした。

途中でさすがに疲れてしまいもう無理、と虚脱状態に陥った時もあったが、結局完走できたのは担当してくれた朝日新聞出版の編集者、牧野輝也さんの励ましと的確なご示唆のおかげだ。この場を借りて、心からの感謝を述べさせていただく。

今回、取材で強く実感したのは日本の経済力の沈下が結婚力の低下と密接に繋がっているということ、それに最も大きな影響を受けているのが結婚適齢期の20代、30代の男性だということだ。非正規社員が多く貯蓄もなく給料も安くて生活は不安定なので、結婚相手としてはどうしても分が悪い。

また熟年離婚で妻に去られた男性も目立ったが、自己演出やコミュニケーションのスキルの低さ、パートナーシップの欠落に唖然《あぜん》とすることも多々あった。

指名手配のような仏頂面の自撮り写真。自己紹介の絶望的な寒さや投げやり感。コンビニ弁当はもう嫌、手作り料理が食べたいという家政婦募集感……。見ていると、「自分をよく見てもらいたい」「好かれたい」という気持ちをかたちにできない辛さをひしひしと感じる。その砂を嚙むように味気ない自己紹介こそが、彼らが結婚できない理由そのものなのだ。

さらに脱ミソジニー社会への反省や、妻に子育ての重い負担を押し付けてきた自己改革への向上心も見られない。ここで向上心を発揮してくれれば、社会全体のジェンダーバイアスの改善にも繋がるはずなのに。

とはいえ全世代を俯瞰《ふかん》すると、婚活に向かう心構えとして自分の市場価値を客観視し、改善しようとする男性も増えている。これは大きな希望が持てる。真剣に相手を見つけようとすると「ここを直さないと」という自分の弱みが見えてくるのは当たり前だ。それを自覚できるかどうかが婚活の勝敗の分かれ目でもある。

マッチング・アプリの最大の利点はうるさい世間の目がないことだ。親も親戚も職場の同僚も上司も、アプリの中の言動までは口を出せない。

だからあなたが年上や年下、同性、バツ2、バツ3、外国人、いやAIや宇宙人とマッチングしようが誰も文句は言えないのだ。偏見も先入観も介入せず本人の好み、価値観だけがジャッジする。これは親や上司など周囲が過干渉しがちな日本の村社会では、画期的に素晴らしいシステムではないか。

だから同世代の女性たちに本命視されにくい非正規20代、30代男性はマクロン夫婦型の年上女性を探し、ミソジニー文化に疲弊した妻に見捨てられた熟年男性は夢を叶えたいと20歳年下女性を求め、困窮する若いシングルマザーはサポーターを買って出る中年男性とマッチングする。

マッチング依存者とは特別な人たちではない。この誰にも邪魔されない居心地がいい婚活沼の中で、リアル社会で失った自己承認感を取り戻そうとしている人々なのである。不足している自己愛を「いいね！」の数に換算して生きる糧にしている男性、裏切られた恋愛の代償に「いいね！」をコレクションする女性、結婚相手としての自信のなさやフェティシズムへの渇望を20歳年上の女性とのマッチングで埋める男性……。それぞれが「いいね！」やマッチングを、自己肯定のエネルギー源として活用している。

その一方、マッチングは「パートナーシップ」という日本では新しい男女の関係性を築きつつある。つまり関係の基礎を家制度に求めず、個人と個人の信頼関係と絆《きずな》のみに求める、という欧米的な結婚の概念だ。これはとても当たり前なことなのに、化石のような権力中枢部が死守しようとする日本村社会の悪しき差別、慣習、制度が邪魔をして実現していなかった。

家制度こそが子育て、家事をすべて妻1人に背負わせて絶望させるワンオペの元凶であり、日本をジェンダーバイアス底辺国にしているミソジニー文化の源なのである。そして若い男性たちには「家を背負う財布」として、年収で結婚相手候補として見切られる恐怖感を与え、結婚を諦めさせてもいる。つまり結婚数の減少、少子化の原因は、そもそも日本の伝統的な結婚の目的とされていた家制度の継続そのものなのだ。

しかし、パートナー探しは家の継続システムでも社会的システムでもない。誰かと人生を共にし、協力し合う相方として選ぶというただそれだけのシンプルなことだ。

アプリが急速に台頭して「マッチング」という概念が普及してきたこの時代、日本は思い切ってフランスのように事実婚や同棲婚を法的な結婚と同じ効力を持つものと認めるべきだ。そうすれば女性は姓を変えたり、入籍後「嫁」として義父母との面倒な関係に耐えたりする必要もなくなり、ずっと結婚に踏み切りやすくなる。さらに男性側も経済的な扶養義務だけではない、別のベクトルからパートナーと結びつくことで結婚に積極的になれる。

現在は結婚する5人に1人がマッチング・アプリを使っている。しかし断言しよう。10年以内に半数以上がアプリ婚になる。なぜなら個人のパートナー探しは村社会の掟や同調圧力とはまったく無関係なところで行われるべきで、日本社会でその条件を充たす場所はアプリの中しかないからである。

結論として、マッチング・アプリは今後も細かい改良や、詐欺や犯罪対策の必要こそあるものの、日本の村社会的な結婚・夫婦観の意識を、西欧の個人主義的なパートナーシップに改革する画期的なソフトとなりうる。

男女不平等、ミソジニー、ルッキズム、人種・国籍差別、年齢差別、性的搾取、育児・家事のワンオペ、学歴差別……このようなあらゆる差別や搾取を排除することが婚活のスタートになっているからだ。

でなければ女性は安心して婚活などできない。みんながこの意識を共有しているからこそ、拗らせたマッチング依存者たちは心地いい交流の沼で、パートナーを探す、というシンプルな作業に熱中できる。

で、結局、自分は結婚できるかどうか、それが知りたいのなら……まず本書を読んでアプリに入会してみよう。話はそれからだ。

速水由紀子　はやみ・ゆきこ
大学卒業後、新聞社記者を経てフリー・ジャーナリストとなる。「AERA」他紙誌での取材・執筆活動等で活躍。女性や若者の意識、家族、セクシャリティ、少年少女犯罪などをテーマとする。映像世界にも造詣が深い。著書に『あなたはもう幻想の女しか抱けない』『家族卒業』『働く私に究極の花道はあるか？』『恋愛できない男たち』『ワン婚――犬を飼うように、男と暮らしたい』『「つながり」という危ない快楽――格差のドアが閉じていく』、共著に『サイファ覚醒せよ！――世界の新解読バイブル』『不純異性交遊マニュアル』などがある。

朝日新書
911

マッチング・アプリ症候群《しょうこうぐん》

婚活沼に棲む人々

2023年6月30日第1刷発行

著　者　速水由紀子

発行者　宇都宮健太朗
カバーデザイン　アンスガー・フォルマー　田嶋佳子
印刷所　凸版印刷株式会社
発行所　朝日新聞出版
〒104-8011　東京都中央区築地5-3-2
電話　03-5541-8832（編集）
03-5540-7793（販売）

Published in Japan by Asahi Shimbun Publications Inc.
ISBN 978-4-02-295222-6
定価はカバーに表示してあります。

落丁・乱丁の場合は弊社業務部(電話03-5540-7800)へご連絡ください。
送料弊社負担にてお取り替えいたします。

朝日新書

歴史の定説を破る
あの戦争は「勝ち」だった

保阪正康

日清・日露戦争で日本は負け、アジア太平洋戦争では勝った！　常識や定説をひっくり返し、山縣有朋からプーチンまでの近現代史の本質に迫る。いま最も注目されている歴史研究の第一人者が定説の裏側を見破り、真実を明らかにする。「新しい戦前」のなか、逆転の発想による画期的な戦争論。待望の一冊。

牧野富太郎の植物愛

大場秀章

幕末に生まれて94年。無類の植物学者、牧野富太郎が生涯を懸けて進めた研究は、分類学と呼ばれる多様性を可視化させる探求だ。多種多様な植物が地球上に生息することを知らしめ、物言わぬ命の豊饒さを書物に残したその存在を、植物分類学の第一人者が悠々たる筆致で照らす書き下ろし。2023年度前期NHK連続テレビ小説『らんまん』モデルを知るための絶好の書！

ポテトチップスと日本人
人生に寄り添う国民食の誕生

稲田豊史

日本人はなぜ、こんなにもポテチが好きなのか？〈アメリカ〉の影、〈経済大国〉の狂騒、〈格差社会〉の波……。ポテトチップスを軸に語る戦後食文化史×日本人論。『映画を早送りで観る人たち　ファスト映画・ネタバレ――コンテンツ消費の現在形』で注目の著者、待望の新刊！

朝日新書

学校がウソくさい
新時代の教育改造ルール

藤原和博

学校は社会の縮図。その現場がいつの時代にもましてウソくさくなっている。特に公立の義務教育の場が著しい。社会からの十重二十重のプレッシャーで虚像になってしまった学校の実態に、「原点回帰」の処方を示す。教育改革実践家の著者によるリアルな提言書！

人口亡国
移民で生まれ変わるニッポン

毛受敏浩

〝移民政策〟を避けてきた日本を人口減少の大津波が襲っている。GDP世界3位も30年後には8位という並の国に。まだ日本に魅力が残っている今、外国人から移民先として選ばれる政策をはっきりと打ち出し、この国を支える人たちを迎え入れてこそ将来像が描ける。

マッチング・アプリ症候群
婚活沼に棲む人々

速水由紀子

婚活アプリで1年半に200人とマッチングしてみたところ、「富豪イケオジ」「筋モテ」「超年下」「写真詐欺」「ヤリモク」……〝婚活沼〟の底には驚くべき生態が広がっていた！　合理的なツールか、やはり危険な出会い系なのか。「2人で退会」の夢を叶えるための処方箋とは。

問題はロシアより、むしろアメリカだ
第三次世界大戦に突入した世界

エマニュエル・トッド
池上　彰

世界の頭脳であるフランス人人口学者のエマニュエル・トッド氏と、ジャーナリストの池上彰氏が、ウクライナ戦争後の世界を読み解く。覇権国家として君臨してきたアメリカの力が弱まり、多極化、多様化する世界が訪れる――。全3日にわたる白熱対談！